KB076160

우리는 가해자입니다

우리는 가해자입니다

일본이 찾아낸 침략과 식민 지배의 기록

《아카하타신문》 편집국 지음 | 홍상현 옮김

건국대학교 중국연구원의 후의에 힘입어, 《아카하타신문》 편집국의
『우리는 가해자입니다』(신일본출판사)가 건국대 중국연구원 번역학술
총서의 첫 번째 책으로 한국에 출판되는 것을 크나큰 영광으로 생각
하며 감사의 마음을 전합니다.

건국대학교와는, 지난 2015년 일본공산당 시 가즈오 위원장의 저서
『전쟁이냐 평화냐 – 전후 70년의 동북아시아 평화』(신일본출판사)가 건
국대학교출판부에서 편역(編訳)되어 간행되면서 인연을 맺게 되었습
니다.

같은 해 시 위원장이 한국을 방문했을 때는, '전후 70년의 동북아시
아 평화'라는 주제로 건국대학교 서울교정에서 특별 강연을 하면서
진심 어린 환대를 받기도 했습니다.

이러한 인연을 통해 이번 책을 출판하게 되어 《아카하타신문》 편집
국은 대단히 기쁘게 생각하며, 이 일이 한일 두 나라의 민간 교류와 상

호 이해에 이바지하게 되기를 바랍니다.

건국대학교 민상기 총장님, 중국연구원 원장 한인희 교수님께도 깊이 감사드립니다.

이 책은 일본의 전쟁을 생각하는 기획으로 《아카하타신문》 일간지와 일요판에 실린 내용 중에 침략 전쟁과 식민지 지배의 진실을 다룬 특집 기사를 재구성해 단행본으로 엮은 것입니다. 기사를 쓴 기자들은 모두 30·40대, 즉 일본의 전후세대입니다.

현재 아베 신조 정권이 침략 전쟁에 대한 근본적인 성찰을 바탕으로 태어난 일본 헌법의 개악을 획책하면서, 역사를 왜곡하려는 논의가 정계는 물론 사이버 공간으로까지 확산되고 있습니다. 따라서 일본이 아시아에서 벌인 전쟁이 과연 어떤 것이었는지 생각해보자는 취지로 《아카하타신문》의 기사가 세상에 나오게 되었습니다.

이 책은 원래 일본의 일반 독자를 향한 것이었습니다. 일본이 과거에 저지른 침략 전쟁과 한반도, 타이완에서의 식민지 지배에 대해 사실에 근거해 분명히 반성하지 않고서는, 결코 아시아 여러 나라와 그 국민들과의 '화해와 우호'가 불가능하다고 생각하기 때문입니다. 아울러 이는 일본공산당이 제창한 '동북아시아 평화 협력 구상'에 있어서 꼭 필요한 밑거름이기도 합니다.

이 책은 침략 전쟁의 역사와 상황을 규명하고, 기자들이 한국, 중국 등에서 피해를 입은 현지 주민들로부터 직접 들은 증언을 수록하고

우리는 가해자입니다

있습니다.

한반도에서의 식민지 지배에 대해서는 1부 '청일·러일전쟁에서 패전까지의 51년'과 '한국병탄과 식민지 지배'에서 다룹니다.

여기서 우리가 주목한 것은 청일·러일전쟁에서 일본의 주된 목적이 한반도의 국민과 자원에 대한 '강탈적 지배'에 있었다는 역사적 사실과, 일본군의 개입·군사 지배에 저항하며 일어난 동학농민혁명, 항일 의병운동 등과 같은 한국의 민중 운동, 특히 3·1독립운동이었습니다.

한일 관계의 초점인 일본군 위안부 문제와 관련해서는 위안부 피해자를 직접 취재했습니다. 그 과정에서 일본군의 통제 아래 벌어진 수많은 여성 인권 유린 행위가 움직일 수 없는 사실인 것으로 드러났습니다. 본문 중에서 '위안부 문제의 진실', '오키나와를 통해 본 위안부 문제의 진실', '한반도 – 지금도 남아 있는 지배의 상흔' 등이 이와 관련된 내용입니다.

아울러 또 하나의 식민지였던 타이완에서의 지배를 추적한 '식민지 지배의 실태 – 타이완'도 포함되었습니다.

《아카하타신문》의 기자들이 이렇듯 일본이 아시아에서 벌인 침략 전쟁과 식민지 지배를 정면으로 마주할 수 있는 이유는 침략 전쟁 이전부터 이어져온 일본공산당의 역사에 긍지와 확신을 가지고 있기 때문입니다.

1922년에 창당한 일본공산당은 침략 전쟁과 식민지 지배에 목숨 걸고 반대하며 일본제국주의에 억압받은 여러 민족들과 국제적으로 연대해 싸워왔습니다.

실제로 천황 절대의 암흑 정치 세력에 의해 불법화된 당 기관지《세쓰키(赤旗)》는 '조선 독립운동 3·1기념일 만세!', '일본, 조선, 대만, 중국 노동자·농민의 단결!', '조선의 토지를 조선의 농민에게!' 등의 구호를 내걸었습니다. 그리고 수많은 우리의 선배들이 탄압받고, 목숨을 잃었습니다.

"이 투쟁은 미래를 향한 한일 두 나라와 두 나라 국민들의 우호에 있어서 역사적 의의를 갖는다고 확신합니다."(2015년 10월 22일, 시 위원장 건국대학교 강연 중에서)

한국의 독자 여러분께서 부디 이 책을 읽어주시기를 진심으로 바랍니다.

《아카하타신문》편집국장
오기소 요지(小木曽陽司)

우리는 가해자입니다

역사적인 관점에서 동북아시아를 관통하는 가슴 아픈 키워드가 있다. 그것은 '일본의 침략 문제'에 대한 아시아인들의 상처다. 그러나 그 상처는 아물지 않고 있다. 일본인들이 '침략'을 미화하고 있기 때문이다. 문제는 일본의 '침략'에 대한 아시아인들의 상처에 대한 치료는 전적으로 일본의 태도에 달려 있다. 무엇보다도 일본 정부의 진심 어린 사과가 전제되어야만 한다. 그러나 일본의 현 집권 세력은 아직까지 '사죄'나 '반성'할 의사가 없고 오히려 후안무치한 태도를 보이고 있다.

그렇다면 어떻게 이 문제를 해결할 수 있을까? 침략을 당한 국가들은 다양한 방법으로 이 문제를 국제사회에 알려야만 한다. 그러나 피해를 입은 당사국보다 일본 내부에서 이러한 문제점을 지적하는 일은 매우 중요하다. 그러한 측면에서 이번 《아카하타신문》 편집국의 『우리는 가해자입니다』(신일본출판사, 2016)가 건국대 중국연구원 번역학술총서로 출판되어 일본인들에 의해 일본의 아시아 침략 문제를 추적한 것은 큰 의미가 있다.

번역을 담당한 홍상현 선생은 한국과 일본에서 활동하는 주목받는 저술가다. 그는 신일본출판사가 발행하는 《월간게이자이》 한국 특파원이자 일본저널리스트회의(JCJ) 회원으로 도쿄 대학 이미지인류학 연구실(IAL) 네트워크 멤버로 활동하고 있는 한일 문제 전문가 중 하나다.

중국연구원은 지난 2015년 10월 한일 국교 정상화 50주년을 기념해 일본공산당 시 가즈오 위원장의 저서 『전쟁이냐 평화냐 - 전후 70년의 동북아시아 평화』를 건국대학교출판부에서 번역, 출판한 바 있다. 시 위원장은 저서 번역 출판을 기념하여 한국을 방문했고, 중국연구원이 주최한 강연회에서 '전후 70년의 동북아시아 평화'라는 주제로 특별 강연을 통해 일본의 잘못을 지적하여 국내외 언론의 주목을 받기도 하였다.

이번에 출판하는 『우리는 가해자입니다』에서는 1894년 청일전쟁부터 이어진 중국의 한반도와 대륙에 대한 침략, 본격적으로 중국대륙을 침략했던 1931년 9·18사변 이후 '난징대학살', '731부대' 만행 등을 포함하여 일본이 한국과 중국, 타이완의 여성들을 '성 노예'로 끌고 간 사실, 그리고 동남아시아에서 저지른 일본군들의 만행을 소개하고 있다. 이 책은 일본이 '대동아전쟁'을 통해 말로 형용할 수 없는 만행을 저지른 점을 피해자들의 증언을 통해 생생하게 소개하고 있다. 특히 피해를 당한 이들에 대한 증언을 구체적으로 싣고 있다는 점을 높이 평가해야 할 것이다.

일본이 전쟁을 통해 아시아를 침략한 문제를 일본 내부에서 지적했다는 점에서, 이 책은 읽어볼 만한 가치가 충분하다. 한국 독자들에게 추천한다. 끝으로 2015년 10월 이래 우정을 나누고 있는 시 가즈오 일본공산당 위원장에게 뜨거운 감사의 인사를 전하며, 이 책을 구상하고 집필한 《아카하타신문》 편집국의 기자들과 출간을 허락해준 오기소 요지 편집국장에게도 감사의 인사를 드린다. 또한 번역자 홍상현 선생과 늘 안부를 전해주고 우정을 나누는 신일본출판사의 다도코로 미노루(田所念) 사장에게도 인사를 올린다. 마지막으로 한국의 출판 시장이 어려운데도 이 책을 출판할 용단을 내린 정한책방의 천정한 사장에게도 감사드린다.

2017년 5월
건국대학교 중국연구원장 한인희

머리말

2015년 8월 14일 발표된 아베 신조 총리의 전후 70년 담화(아베 담화)는 실로 경악스러웠습니다.

'침략', '식민지 지배', '반성', '사죄' 등의 문구가 곳곳에 등장하지만, 일본이 '국책의 오류'로 인해 '식민지 지배와 침략'을 저질렀다고 밝힌 전후 50년 '무라야마(村山) 담화'의 역사인식은 간데없이, '반성'과 '사죄'도 역대 정권이 표명한 사실만 언급했을 뿐, 자신의 의견은 담지 않은 기만으로 가득 찬 것이었습니다.

그런 만큼 아베 담화는 무라야마 담화가 표명한 입장을 사실상 버렸다고 해도 과언이 아닙니다.

2015년 5월 당수토론에서 일본공산당의 시 가즈오(志位和夫) 위원장이 일본의 전쟁이 '잘못된 전쟁'이었다고 생각하느냐고 질문하자, 아베 총리는 이리저리 말을 돌릴 뿐 끝내 대답하지 않았습니다. 전후 정치의 원점인 포츠담선언에 대해서는 "자세히 읽어보지 않았으므로 논평을 삼가겠다"고 답했습니다. 전쟁의 옳고 그름조차 판단하지 못하는 총리는 한시라도 빨리 퇴진시킬 수밖에 없다는 것이 이 책이 추구하는 역사인식의 결론입니다.

역사를 다시 쓸 수는 없지만, 지난날의 과오를 직시할 수는 있습니다. 그러한 자세를 보인다면 일본은 아시아와 세계로부터 신뢰받는 나라가 될 수 있지 않을까요?

이 책은 2014년부터 2015년까지 《아카하타신문》 일간지와 일요판에 게재된 일본의 전쟁을 되돌아보는 기획 가운데 특히 침략 전쟁과 식민지 지배의 진실과 관련된 특집 기사를 재구성하여 정리한 것입니다. 기사를 쓴 것은 30·40대인 전후 세대 기자들입니다. 야스쿠니(靖国)신사의 군사박물관인 유슈칸(遊就館)이 일본의 전쟁을 "아시아 해방 전쟁이었다"고 정당화하는 등, 역사 날조의 논의가 정치에 끼어드는 현실에서 그 전쟁이 과연 어떤 것이었는지 생각해보고자 한 것입니다.

이 책에서는 수많은 아시아 사람들과 일본인들이 당사자가 아니면 이야기할 수 없는 체험을 증언합니다.

한국인 일본군 위안부 피해자 김복동(金福童, 89)은 14세에 "군복을 만드는 공장에 나오라"고 들었지만, 실제로는 중국으로 끌려가 5년 동안 일본군 성 노예로 살았습니다. 김 씨는 "과거의 역사가 밝혀졌음에도 불구하고, 일본 정부는 책임을 회피하고 있어요. 정말 분합니다"라고 말했습니다.

전후 70년이 지나면서 국내외적으로 증언할 수 있는 사람들의 숫자가 크게 줄고 있습니다.

청일·러일전쟁으로부터 패전에 이르는 51년 동안, 일본은 왜 침략 전쟁과 식민지 지배를 이어왔을까? 연합국의 도쿄재판(극동국제군사재판)에서 분명 일본의 전쟁범죄는 단죄받았을 텐데, 왜 지금도 일본의 행위를 미화하는 정치 세력이 정권 핵심부에 앉아 있는 것일까? 이런 문제의식을 가지고 취재에 임했습니다.

아울러 일본군에 의한 주민 학살 등을 취재하며, 인간으로서는 견디기 힘들 만큼 괴로웠지만 진실을 좇아 보도하려고 노력했습니다. 이 책에 실려 있는 기사 하나하나에는 이런 기자들의 태도가 담겨 있습니다.

이 책은 1부 '침략 전쟁과 식민지 지배의 실태'로 시작됩니다.

'일본의 침략 전쟁 – 반세기의 계보'에서는 청일·러일전쟁을 비롯해서 한국병탄, 만주사변에 의한 중국 침략 개시, 중일전쟁, 태평양전쟁에 이르는 일련의 전쟁이 진행·확대되는 과정을 추적합니다.

다음으로는 '난징(南京)대학살', '731부대', '일본군 위안부'라는 주요 문제에 초점을 맞춥니다. 이 문제들은 일본 군국주의가 저지른 전쟁범죄와 식민지 지배의 사실 가운데서도 개헌파 우익 단체인 일본회의와 야스쿠니파가 가장 인정하기 싫어하는, 그러나 결코 움직일 수 없는 사실입니다. 우파 저널리즘에 의한 헤이트 스피치(hate speech) 등, 오늘

날 유포되어 있는 왜곡된 역사인식을 극복하자는 차원에서 자세히 다루었습니다.

3장은 한반도, 중국 각지, 타이완, 말레이시아, 싱가포르 등에서 이루어진 현지 르포 등으로 구성되어 있습니다.

2부 '무모한 전쟁과 국민의 희생'은 원폭 투하, 오키나와전투 그리고 무차별 공습의 실태 등을 살펴보는 한편, 《아카하타신문》 사회면에 연재된 '증언·전쟁' 시리즈 가운데 전쟁으로 가족을 잃고 인생이 뒤바뀐 사람들, 침략의 현장에 동원된 사람들의 고통 어린 증언과 평화를 향한 갈망을 담은 내용으로 꾸며보았습니다.

이 책의 구성은 이러하지만, 관심이 있는 부분부터 읽어도 무리가 없을 것입니다.

차례

1부 침략 전쟁과 식민지 지배의 실태

1부
침략 전쟁과 식민지 지배의 실태

1장

일본의 침략 전쟁
– 반세기의 계보

1. 청일·러일전쟁에서 패전까지의 51년

중국에 대한 침략 전쟁과 태평양전쟁이 이어진 14년간, 2천만 명 이상의 아시아 여러 나라 국민과 310만 명의 일본 국민이 희생되었습니다. 일본의 침략 전쟁은 타이완을 빼앗은 청일전쟁(1894년 시작)을 기준으로 하면 실제로는 51년 동안 이어졌습니다.

일본은 1945년 8월 14일, 미국과 영국, 중국을 필두로 한 연합국의 포츠담선언[1]을 받아들입니다. 이 선언은 카이로선언(1943)의 실행을 명기하고 일본이 청일전쟁에서 '도둑질'한 타이완을 중국에 돌려줄 것

1　포츠담선언의 내용을 살펴보면 다음과 같다. • 일본 국민을 기만해 세계 정복의 오류를 범하게 한 권력·세력을 영구히 제거한다.(6항) • 카이로선언을 이행해야 한다.(8항) • 일본 군대는 무장 해제 후, 가정으로 복귀해서 평화적·생산적 생활을 영위한다.(9항) • 포로 학대를 포함한 모든 전쟁범죄자를 엄중하게 처벌한다. 정부는 국민의 민주주의적 경향의 부활·강화의 장애 요소를 제거한다. 언론, 종교, 사상의 자유, 기본적 인권의 확립.(10항) • 일본 국민의 자유로운 의사에 따라 정부가 수립되면 점령군은 즉시 철수.(12항)

우리는 가해자입니다

과 조선의 '자유 독립'을 요구했습니다. 포츠담선언은 50년 넘는 일본의 침략 전쟁과 식민지 지배의 전 과정에 대한 심판이었습니다.

네루, "일본은 부끄러움을 몰랐다"

청일전쟁, 러일전쟁은 어떤 전쟁이었을까요?

메이지유신(1868)으로 자본주의를 도입한 일본의 지도자들은 발 빠르게 구미 열강과 어깨를 나란히 하며 식민지를 둔 제국주의 대국의 길로 나아갔습니다. 이 과정에서 맨 처음 주목한 것이 조선이었습니다. 당시의 일본으로서는 한반도가 청나라의 영향 아래에 놓여 있다고 판단했기 때문에, 일본과 청나라 중 누가 대한제국의 지배권을 차지할지가 중요한 문제였습니다.

일본은 우선 대한제국의 황궁을 점령하여 황제를 붙들어놓고, 선제공격을 통해 청나라와의 전쟁을 개시했습니다. 전쟁해서 승리한 후 타이완을 빼앗은 동시에 대한제국을 일본 지배하에 두었습니다. 일본은 전쟁 후, 공사(대사)가 지휘하는 가운데 황궁에 난입하여 일본의 지배에 저항하던 명성황후를 살해합니다. 1910년에는 한국병탄을 강요해 식민지로 삼았습니다.

청일전쟁을 통해 빼앗을 수 없었던 만주(중국 동북부)에서의 권익을 노리고 벌인 것이 러일전쟁(1904년 시작)이었습니다. 일본은 인천, 뤼순(旅順)에서 선제공격으로 전쟁을 벌여 승리한 뒤에 맺은 강화조약을 통해 남만주 철도 이권과 러시아령이던 쿠릴(Kuril) 열도 4개 섬을 손에 넣었습니다.

전후 70년 아베 담화에 대한 전문가간담회(有識者懇談會) 보고서
(2015년 8월 6일)는 일본이 러일전쟁에서 승리한 것이 "많은 비(非)서양
식민지 사람들의 용기를 복돋웠다", "식민지화에 제동을 걸었다"고 주
장했습니다. 하지만 사실은 이와 정반대이며, 러일전쟁은 만주와 한반
도의 지배권을 둘러싼 러·일 두 나라 간의 침략 전쟁이었을 뿐입니다.

인도 독립운동의 지도자로 전후 최초의 인도 총리가 된 네루(Pandit
Jawaharlal Nehru)는 자신의 저서에서 러일전쟁에서 거둔 일본의 승리가
아시아 여러 나라의 국민들을 기쁘게 했다고 기술하고는, 다음과 같이
그 실태를 고발하고 있습니다.

"그러나 그 직후의 성과란 소수의 침략적인 제국주의 국가들의 집
단에 또 하나의 국가가 더해진 것일 뿐이었다. 이처럼 쓰디쓴 결과를
가장 처음 맛본 것이 조선이었다." "일본은 제국으로서 정책을 수행하
는 데 전혀 부끄러움을 몰랐다. 베일을 뒤집어쓰고 위장조차 하지 않
은 채 거침없이 먹잇감을 찾아다녔다."[2]

중국 영토를 '생명선'으로

일본의 다음 표적은 중국이었습니다. 러일전쟁 후, 중국 관둥저우(關
東州)에 배치된 일본 관동군은 1931년 9월, 남만주 철도를 스스로 폭파
한 뒤 "중국에게 공격당했다"고 모략한 류탸오후(柳条湖)사건을 구실로

---

2   『세계사 편력 3』, 미스즈쇼보(みすず書房)

전쟁을 시작했습니다. 이로 인해 일어난 것이 '만주사변'으로, 15년에 걸친 중국 침략 전쟁의 시작이었습니다. 정부는 현지에 있던 일본 외교관으로부터 "일본군이 폭파한 것 같다"는 전보를 받았으면서도 전쟁을 용인했고, 히로히토(裕仁) 일왕도 이듬해 "관동군 장병은 신속 과단했다", "그 충렬이 가상하다"고 칭찬하는 칙어를 발표했습니다.

그리고 만주사변에 앞장선 공으로 후에 외무대신에 오른 마쓰오카 요스케(松岡洋右) 전 만주철도 부총재가 "만몽(滿蒙, 만주·몽골)은 우리나라의 생명선"이라고 의회에서 연설하면서 침략 전쟁의 슬로건으로 확산됩니다. 이는 모두 중국 영토인 만주와 내몽골이 일본의 존립을 위해 불가결하다는 선전이었습니다.

이는 아베 내각의 전쟁법안에 등장하는 이른바 '존립 위기 사태'와 똑같은 핑계입니다. "좁은 국토를 지닌 일본이 살아남으려면 아무래도 타국의 영토가 필요하다"는, 침략을 위한 제멋대로의 구실이었습니다. 1937년 7월 베이징 교외에서 일어난 루거우차오(蘆溝橋)사건을 통해 침략 전쟁을 중국 전역으로 확산시킨 일본은, 국민당 정권의 수도였던 난징에서 대학살을 행하는 등 수많은 사건을 일으키고, '삼광(三光) 작전'(다 불태우고, 다 죽이고, 다 빼앗는다)이라 불린 만행까지 저지릅니다. 하지만 중국 인민의 항일해방운동이 전국적으로 고양되면서, 결국 패전을 맞는 날까지 빠져나올 수 없는 전쟁의 수렁에 빠져든 셈이었습니다.

전쟁 불법화의 흐름에 역행하다

일본의 전쟁은 그 자체를 불법으로 규정하던 제1차 세계대전 (1914~1918) 이후의 국제적 흐름에 역행하는 것이었습니다.

무기의 근대화에 따라 제1차 세계대전에서 일어난 미증유의 참사를 비롯해 러시아혁명 이후로 세계적으로 혁명 운동과 반전·평화 운동이 고양되면서, 세계는 전쟁 그 자체를 불법화시키는 방향으로 움직이고 있었습니다. 이 흐름은 1928년 파리부전조약(켈로그-브리앙협정, Kellogg-Briand Pact)으로 발전했고 전쟁의 포기와 평화적 해결을 위한

독일·이탈리아·일본 3국 동맹 조인식. 1940년 9월 27일, 베를린의 히틀러 총통 관저. 앞줄 왼쪽부터 구루스 사부로(来栖三郎) 주독일 일본대사, 치아노(Galeazzo Ciano) 이탈리아 외무장관, 히틀러. 오른쪽은 요아힘 폰 리벤트로프(Joachim von Ribbentrop) 독일 외무장관. 왼쪽 아래는 조인서 표지의 일부(『화보 일본 근대의 역사 11』)

우리는 가해자입니다

협정이 맺어지게 됩니다.

그러나 일본은 자진해서 참가한 국제법상의 약속을 짓밟고 1933년 국제연맹을 탈퇴한 후 1937년에는 중국과의 전면전을 시작했으며, 급기야 1940년 9월 군국주의와 파시즘에 근거한 독일·이탈리아·일본의 3국 동맹을 체결하며 또 한 번 세계를 분열시킨 제2차 세계대전의 기폭제가 되었습니다. 영토 확장과 자원 획득을 노리며 '대동아공영권'의 미명하에 아시아·태평양 지역 침략에 뛰어든 것입니다.

당시 일본이 만주사변이라는 중국·일본 간의 전면전을 군이 '일화(日華)사변'이라 부른 것은 중립법하에 있던 미국에서 물자 수입이 금지될 수도 있고, 전쟁으로 규정할 경우 포로 대우 등 전시 국제법을 지킬 수밖에 없어서 손이 묶일 수 있다는 점 등을 우려한 전쟁 지도부의 생각이 반영된 결과였습니다. 그리고 이는 중국과 동남아시아에서 포로 학대와 주민에 대한 대량 학살이 저질러진 중대한 요인의 하나가 되었습니다.

뒤늦은 결단으로 인해 국민 전체가 희생당하다

1941년 12월 태평양전쟁 개전 당시에는, 진주만 기습, 싱가포르 공략 등으로 '쾌조를 보인다'고 했지만, 이듬해 6월의 미드웨이해전(Battle of Midway)에서 일본군의 기동부대가 괴멸당한 후부터는 패배가 이어질 뿐이었습니다. 그리하여 1944년 중반에는 일본의 전쟁 지도부조차 전쟁에 패했다고 판단하게 됩니다. 이른바 '대본영(大本營, 전시 중에 설치된 일본제국 육군 및 해군 최고 통수 기관 – 옮긴이)'의 작전 실패로 50만 명의 장병이 목숨을 잃었던 필리핀전투에서의 패배는 전쟁을 종결할 결정적 기회였습니다. 그러나 히로히토 일왕을 비롯한 전쟁 지도부는 "조금이라도 더 전과를 올려놓지 않으면, 교섭이 유리하게 전개될 수 없다"는 입장을 고수했습니다.

1945년 2월, 고노에 후미마로(近衛文麿) 총리는 '공산혁명'에 대한 우려를 이유로 들며 히로히토 일왕에게 "패전은 필연적이다", "하루라도 빨리 전쟁 종결을 강구해야 한다"는 주장을 제기했지만, 상황은 바뀌지 않았습니다.

만약 전과를 고집하지 않고 종전을 결단했다면, 3월 이후 일어난 국민적 참극인 도쿄대공습 등 본토 공습을 비롯하여 오키나와전투, 원폭 투하, 소련의 만주 침공 등 연이은 사건도 일어나지 않았을 것입니다.

결국, 영화 〈일본 패망 하루 전(日本のいちばん長い日)〉[3] 등에서 묘사된 히로히토 일왕의 '성단(聖断)'은 너무 늦은 결정이었을 뿐만 아니라, '국체(国体)'라 불리던 '천황 절대(天皇絶対)'의 정치 체제 수호를 최우선시함으로써 국민 전체를 희생한 것입니다.

굶어 죽은 '영웅들': 전몰자 230만 명 중 반수 이상이 굶어 죽다

전쟁터로 보내진 병사와 군인의 운명은 가혹했습니다. 일본군 전몰자 230만 명 중 반수 이상이 굶어 죽었습니다. 전쟁의 현장을 군인(육

---

3   하라다 마사토(原田眞人) 감독의 2015년 작품.

우리는 가해자입니다

군)의 신분으로 체험했던 역사학자 후지와라 아키라(藤原彰)는 『아사한 영령들(餓死した英霊たち)』[4]에서 각 전선의 전사자, 아사·영양실조로 인한 병사자수를 다음과 같이 소개하고 있습니다.

"일본군 전몰자의 과반수가 아사했다. 전투에 목숨을 내던진 소위 '명예로운 죽음'이 아니라, 굶주림과 병마에 시달리다 수척한 몰골로 원통한 눈물을 삼키며 쓰러져간 것이다. … 군대가 움직이고 전투를 하기 위해서는 군대와 군수품의 수송 수단인 차량과 탄약, 자재, 식량 등의 군수품이 제대로 보급되어야 한다. … 그러나 일본 육군에서는

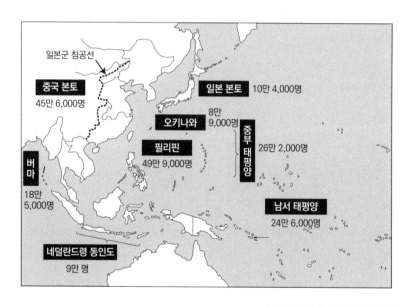

아시아·태평양 지역의 육·해군 전몰자

---

4   아오키쇼텐(青木書店).

작전이 지극히 중시되었던 것에 반해 작전 수행을 위해 불가결한 교통과 보급이 너무나도 경시되었다. … 그 결과, 대다수의 장병이 무참하게 굶어 죽게끔 몰아넣었던 것이다."

이 비참한 실태를 드러낸 첫 사건이 '아도(餓島, 굶주림의 섬)'라 불리던 과달카날에서의 공방전이었으며, 이후 동부 뉴기니나 중부 태평양 지역의 여러 섬에서 같은 사례가 속출했습니다. '백골가도(白骨街道)'라고 불린 버마 임팔 작전에서 보여준 무모함이나 필리핀전투에서의 대량 아사, 중국에서 진행된 대륙타통작전(大陸打通作戰) 당시 수많은 병사들이 굶주림으로 목숨을 잃었던 일 등도 모두 같은 이유로 인한 잘못이었습니다.

그런데도 "살아서 포로가 되는 욕을 당하지 말라"는 육군 형법의 벌칙인 '전진훈(戰陣訓)'에 따라 군인들은 "아사할 것인지, 아니면 옥에 갇힐 것인지 선택할 것을 본인의 의지와 상관없이 강요받아야 했던"⁵ 것입니다.

젊은이들에게 죽음을 강요했던 특공 작전은 항복이라는 선택지를 차단한, 매우 '비인간적인, 도리에 어긋난 전법'이었습니다.

애초에 일본의 전쟁 수행 계획은 전제적 정치 지배체제하에서 군사·외교·내정의 전 국면을 쥐고 흔들었지만, 막상 전쟁 지휘와 관련해서 일관되게 책임을 지는 인물은 만주사변 이후를 살펴보더라도 전혀 없었습니다. 일왕은 육·해군의 통수권을 쥐고 대원수로서 전쟁 지

---

5   앞의 책.

우리는 가해자입니다

도 회의에 계속해서 참석한 유일한 인물이자 전쟁 수행의 최대 책임자였지만, 실제로는 대본영 참모가 수립해놓은 작전에 몇 가지 질문을 하고 보충하는 정도였습니다.

군인들의 아사, 국제법을 무시한 학살, 국민의 운명보다 국체를 중요시했던 전쟁 지도부의 무책임. 이러한 사실은 아시아 침략의 실태와 함께 반드시 전해져야 합니다. 이 전쟁에 대해 '잘못된 전쟁'이라고 인정하지 않는 인물들이 '아베 정치'를 추진하고 있으며, 이것이 다름 아닌 일본의 역사적 후진성을 보여준다는 사실을 알리는 일은 전쟁법안을 폐기하는 확실한 동력이 될 것이기 때문입니다.

〈51년에 걸친 일본의 침략 전쟁 연보〉

1894년 7월   청일전쟁(~1895년 3월), 일본이 타이완을 탈취

1904년 2월   러일전쟁(~1905년 9월)

1910년 8월   한국병탄

1919년 3월   한국에서 3·1독립운동

1919년 5월   중국에서 5·4운동

1931년 9월   류탸오후사건, 만주사변 개시

1933년 3월   일본이 국제연맹 탈퇴

1937년 7월   루거우차오사건, 중일전쟁 시작

1937년 12월   난징대학살

1939년 9월   독일이 폴란드 침입, 제2차 세계대전 시작

1940년 9월	독일·이탈리아·일본의 3국 군사동맹	
1941년 12월	태평양전쟁 시작, 일본군이 말레이반도 상륙·진주만 공습	
1942년 6월	미드웨이해전에서 일본군 참패	
1943년 12월	미국·영국·중국의 카이로선언	
1945년 2월	필리핀전투 패퇴	
1945년 3월	도쿄대공습, 오키나와전투(~6월 23일)	
1945년 5월	독일 항복	
1945년 7월	포츠담선언 발표	
1945년 8월	히로시마·나가사키에 원폭 투하, 포츠담선언 수락, 패전	

2015년 8월 14일 자, 야마자와 다케시(山沢猛)

2. '한국병탄'과 식민지 지배

1910년 8월 22일, '한국 병합에 관한 조약'에 의해 일본은 한국으로부터 주권국가로서의 모든 통치권을 빼앗고, 한반도에서의 식민지 지배를 성립시킵니다. 이는 메이지 정부가 '제국 100년의 장계(長計)'⁶로서 호시탐탐 기회를 노린 결과였습니다. 긴 역사와 문화를 가지고 민족적 자긍심을 길러온 이웃 나라의 독립을 군사력으로 빼앗은 역사적

우리는 가해자입니다

폭거였습니다. 따라서 한국에서는 '병합'이 아니라 '강점'이라 부르고 있습니다.

청일전쟁부터 조선 지배를 염두에 두었던 일본은 러일전쟁 때 드디어 러시아를 쫓아내고 한국을 수중에 넣으려 시도하게 됩니다.

한편 한국은 일본에 의한 왕궁 점령이나 황후 살해 등과 같은 폭거 등으로 고초를 당해왔기 때문에, 러일전쟁이 시작되기 직전에 이미 중립을 선언한 상태였습니다.

1) 일본군의 탄압에 독립을 빼앗기다

'제국 100년'의 야망

일본 근대사 전문가인 나카즈카 아키라(中塚明, 나라여자대학 명예교수)는 이렇게 말합니다. "한국 정부는 프랑스 영사의 협력으로 전시 중립 선언을 전보로 세계에 알려, 이 전쟁(러일전쟁)에 관여하지 않으려는 태도를 취했습니다. 중립을 유지하면 일본은 한국에서 자유롭게 군대를 움직일 수 없게 되지요. 그래서 일본은 러일전쟁 개전과 동시에 수도 한성(지금의 서울)을 점령하고, 일본이 정치 전반에 '충고'한다는 한일의정서를 강요합니다. 이렇게 해서 한반도가 일본의 점령하에 놓이

---

6   메이지(明治)시대 각의 결정(1909년 7월 6일). "한국을 병합하고 이를 제국 영토의 일부로 함은, 우리의 실력을 확립하기 위한 가장 확실한 방법이다. 내외의 형세를 지켜보다 적당한 시기에 병합을 실행해, 반도를 명실상부하게 우리의 통치하에 두고 다른 나라들과의 조약 관계를 소멸시키는 것은 제국 100년의 장계가 된다."

게 된 것입니다."

병탄에 앞서 한국을 식민지화하는 절차를 진행한 것이었습니다. 러일전쟁 후에는 '제2차 조약'(1905), 즉 한국 '보호조약'을 강요해 외교권을 완전히 빼앗아 한국이 독자적으로 다른 나라들과 조약을 맺지 못하게 했습니다(조약 제2조). 그리고 일본 정부의 선출 기관인 '통감부'(이후의 총독부)를 수도가 내려다보이는 남산에 설치했습니다.

'보호조약'을 체결하면서 추밀원 의장이던 이토 히로부미(伊藤博文)가 특명전권대사로 파견되었습니다. 한국 정부는 자국이 식민지화될 것을 우려해 받아들이길 망설였지만, 이토는 일본군 헌병들을 끌고 각의에 들이닥쳐서는 "너무 떼를 쓴다 싶거든 해치워버려"라고 큰 소리로 위협하면서 강도나 다름없는 방법으로 한국의 종속화를 진행했습니다.

〈일본의 한국·조선 침략과 독립운동〉

1875년 09월	강화도사건(일본 군함이 서울에서 멀지 않은 강화도를 공격)
1894년 02월	동학농민혁명(갑오농민전쟁) 일어남
1894년 07월	일본군이 조선의 왕궁을 점령, 청일전쟁 시작
1895년 10월	명성황후 시해
1897년 10월	국호, '조선'에서 '대한'으로
1904년 02월	러일전쟁 시작
1905년 11월	한국에 보호조약 강요(조약 체결 금지)

우리는 가해자입니다

1905년 12월	일본이 한국에 통감부 설치, 항일 의병 전쟁 격화
1910년 08월	한국병탄, 국호를 조선으로 바꾸고 총독부 설치
1919년 03월	3·1운동 확산
1931년 09월	류타오후사건, 만주사변 개시
1937년 07월	중일전쟁 발발
1937년 10월	한국에서 '황국신민의 서사(誓詞)' 제정
1940년 02월	창씨개명 실행
1944년 04월	한국에서 징병검사 개시
1945년 08월	일본 패전

한국에서 이 조약은 '을사조약'이라 불리며 민족적 굴욕의 상징이 되었습니다.

반면 일본에서는 전후에도 "(병탄조약은) 양자의 완전한 의사에 따라, 평등한 입장에서 체결되었다"[7]는 견해가 강합니다.

나카즈카 교수는 이 문제에 대해 다음과 같이 말합니다.

"대등이나 평등 같은 건 지어낸 이야기입니다. 병탄 전부터 있었던 일본군의 점령이 이후에도 계속되었던 것이 사실이기 때문입니다. 현직 육군대신 데라우치 마사타케(寺內正毅)를 초대 조선총독으로 삼고 조약 체결 당시 저항이 발생하지 않도록 도호쿠(東北)의 센다이(仙台) 지역에 주둔하던 제2사단을 동원해 엄중한 경계 태세를 유지했습니다."

---

7 사토 에이사쿠(佐藤榮作) 총리의 1965년 국회 답변.

더욱이 "고종 황제는 청일전쟁 개전 당시 왕궁(경복궁)을 점령하는가 하면 이듬해에는 일본 공사의 지휘하에 명성황후가 시해당하는 것을 목도했으므로, 스스로 통치권을 일본에 양도하겠노라고 말했을 리가 없다"고 지적했습니다.

"고바야카와(小早川), 가토(加藤), 고니시(小西)가 세상에 있었다면, 오늘 밤 떠 있는 달을 어떻게 바라보았겠느냐."

이는 조선총독 데라우치가 한국병탄 축하연에서 득의만만하게 읊은 노래였습니다.

16세기 말 도요토미 히데요시(豊臣秀吉)가 일으킨 조선 침략 전쟁의 주력군을 이끌고 한반도 사람들의 귀와 코를 잘라내거나 노예로 만드는 등 잔학함의 끝을 보여주다 결국 패배한 고바야카와 히데아키(小早川秀秋), 가토 기요마사(加藤清正), 고니시 유키나가(小西行長)가 당대에 살아 있었다면 오늘의 달을 분명 기쁜 마음으로 바라보았을 것이라는 자화자찬의 노래였던 것입니다. 당시 메이지 정부 수뇌들의 생각을 엿볼 수 있는 대목이라 하겠습니다.[8]

동학농민혁명과 의병

일본의 한국 침략은 한국에 확산된 민중운동의 고양과 이에 이빨을

---

8   요시오카 요시노리(吉岡吉典), 「한국병합 100년과 일본」, 신일본출판사.

전국으로 확대된 반일 의병운동에 참가한 의병들. 민중의 자발적 무장 조직으로, 15만 명이 참여했다고 한다.
(『화보 일본 근대의 역사 7』)

드러낸 군국주의 일본에 의한 탄압 및 섬멸 전쟁을 보여주는 역사이기도 했습니다.

우선 언급해야 할 것이 1894년에 일어난 동학농민혁명(갑오농민전쟁)입니다. 당시 동학군은 진압에 나선 정부군을 격퇴하고 지방의 중심 도시(전주)를 점령할 정도로 힘이 있었습니다. 그 뒤 동학농민혁명은 왕궁 점령을 시작으로 한 일본군의 침공에 대항하여 항일의 기치를 내세운 운동으로 발전합니다.

이 농민운동은 예전에 '동학란'으로 불렸지만, 현재 한국에서는 최초의 민주혁명운동으로서 반제 · 반봉건의 선구적 운동으로 재평가되고 있습니다.[9]

이에 대해 일본은 한국 정부가 요청하지도 않았는데 병력을 파견하

---

9 2001년 동학농민혁명 107년 기념대회에 참석한 김대중 대통령의 메시지.

여 농민군을 살육했습니다. 그 희생자가 적게는 3만 명, 많게는 5만 명에 달한다고 합니다.

농민군을 섬멸하는 작전에 종군한 병사의 『진중일기』를 이노우에 가츠오(井上勝生, 홋카이도대학 명예교수)가 도쿠시마 현 향토사가의 도움을 받아 살펴보았습니다.

"오늘(1895년 1월 31일) 잔류한 동학도 7명을 잡아와 이를 성 밖의 밭에 한 줄로 세워, 총에 대검을 끼운 뒤 모리타 지카토시(森田近通) 상사의 구령에 따라 일제히 찔러 사살하고 구경을 시키자, 한인 및 통영병(조선군 병사) 등이 심히 경악하다." 중일전쟁에서 빈번했던, 포로를 총검으로 일제히 찔러 살해하는 사례가 이미 청일전쟁 때부터 시작되었던 것입니다.[10]

1906년에서 1911년까지는 '항일의병전쟁'이 일어납니다. 상층 계급 출신과 기독교인, 해산된 한국 군대의 병사 등이 참여한 무장투쟁이었습니다. 이에 일본이 '진압' 전쟁을 벌여 4만 명에 이르는 사람들을 살해하는 등, 한국을 피로 물들이는 가운데 병탄을 진행했습니다.

하지만 일본은 끝내 항일투쟁을 억누르지 못했으며, 병탄 후에도 3·1운동 등으로 그 흐름이 이어집니다.

10　나카즈카 아키라, 이노우에 가츠오, 박맹수(朴孟洙), 『동학농민전쟁과 일본』, 고분켄(高文研).

우리는 가해자입니다

2) 터져 나온 '독립만세'

한국 민중의 독립운동은 일본에 의한 병탄 후에도 지각변동의 에너지가 쌓여가듯 사라지지 않았습니다.

전국적인 3·1운동

그 정점에 위치해 있는 것이 1919년 3월 1일에 지금의 서울에서 시작되어 한반도 전역으로 확산된 3·1운동입니다. 1917년 러시아혁명이 성공한 이후, 지도자 레닌과 미국 대통령 윌슨이 민족자결의 이념을 주장했던 일도 3·1운동과 중국에서 일어난 5·4운동에 영향을 주었습니다.

일본의 침략에 다양한 형태로 저항을 시도했던 고종 황제의 죽음(1919년 1월)을 계기로, 조선민족 전체의 독립운동은 단숨에 고양되었습니다. 민족종교인 천도교, 기독교, 불교의 지도자들이 '독립선언'을

1919년 3월 1일, 서울에서 독립만세를 외치며 행진하다 체포된 조선인 학생. (『화보 일본 근대의 역사 8』)

기초했습니다. 서울시 중심부의 탑골공원에서 학생 대표가 선언문 낭독을 마치자 독립만세를 외치는 목소리가 높이 울려 퍼지며 태극기를 손에 든 사람들이 대열을 지어 거리로 뛰쳐나왔습니다.

이 공원의 비석에 새겨진 선언문은 다음과 같이 시작됩니다.

"우리는 여기에 우리 조선이 독립한 나라임과 조선 사람이 자주적인 민족임을 선언한다. 이로써 세계 만국에 알려 인류 평등의 큰 뜻을 분명히 하는 바이며 자손만대에 깨우쳐 일러 민족의 독자적 생존의 정당한 권리를 영원히 누려 가지게 하는 바이다."

재일한국인 역사자료관 관장이자 역사가인 강덕상(姜德相)은 말합니다. "3·1운동은 헌병 정치하에서 가득 차오른 물이 넘쳐흐르듯 일어났습니다. 아울러 제2차 세계대전 말기 러시아혁명과 중국혁명, 윌슨의 민족자결권 선언에도 영향을 받았지요. 핍박받는 민족의 해방이라는 세계사의 흐름에 발맞추어 전개된 운동이었습니다."

비폭력 운동과 여성들의 활약

3·1운동은 비폭력 운동이었습니다. 당초 이 움직임을 알아차린 총독부는 당황하는 듯하다가, 갑자기 군대를 출동시켜 무기를 가지고 있지 않은 사람들에게 발포했습니다. 그 가운데서도 처참함이 극에 달한 사건으로 제암리사건이 있습니다. 경기도 수원 지방에서 일어난 운동을 탄압하기 위해 파견된 일본군은 독립운동에 참가한 사람들을 "훈시하겠다"면서 교회에 모아놓고 건물에 불을 지른 뒤 일제히 사격을

우리는 가해자입니다

퍼부어 몰살시켰습니다. 이 일로 29명이 희생되었습니다.

　3·1운동에서는 여성들이 눈부시게 활약했습니다. 그중 한 사람인 유관순은 '조선의 잔다르크'로 불립니다. 그녀는 이화학당(지금의 이화여자대학교)에 재학하던 16세의 소녀였지만, 학교가 휴교되자 고향인 천안으로 돌아가 장터에서 벌어진 독립 행진의 선두에 섰습니다. 헌병의 발포로 양친은 사망했고, 그녀도 주모자로 체포되어 징역형에 처해졌습니다. 하지만 "일본인에게 우리를 재판할 권리는 없다"면서 법정과 옥중에서의 투쟁을 멈추지 않다가, 거듭된 고문으로 인해 서대문형무소에서 18세의 나이로 숨졌습니다.

　탑골공원에는 각지에서 벌어진 독립운동의 군상이 10개의 부조로

유관순 등 수많은 사람들이 옥사한 서울 서대문형무소. 현재는 한국 근대사를 전하는 역사관이 되었다.

만들어져 있습니다.

3·1운동 이후의 투쟁은 조선 국경에 접한 간도에서의 독립운동과 중국 상하이 임시정부 등으로 이어집니다.

'전시 동원'과 '황민화'

온 민족이 참여한 3·1운동 등으로 일본 식민지 지배의 일보 후퇴가 불가피해짐에 따라, 종래의 '헌병경찰 정치'(무단통치)는 친일파 육성을 포함한 '문화 통치'로 그 형태를 달리하게 됩니다.

하지만 1931년 만주사변, 1937년 중일전쟁이 발발하자 문화 통치는 결국 중단되고 '전시 동원 체제'라는 야만적 파시즘 체제로 바뀌었습니다. 이는 한국인들의 삶을 피폐하게 만든 산미 증산 계획(産米增産計画)처럼 경제적인 부분에 그치지 않고, 노동력·병력의 확보로까지 수탈의 범위를 확대시켰습니다. 노동력이 부족한 일본의 탄광, 광산, 군사 시설 등에 조선인 노동자들을 강제 동원한 것도 그 일환이었습니다. 당시 그 수가 100만 명 이상이었다고 합니다.

서울의 조선신궁(朝鮮神宮)을 비롯해 각지에 2,000군데 이상의 신사를 만들어 일본의 국가 신도(国家神道)를 강요하고 천황 숭배를 위한 참배를 강요하는 등 '황민화 정책'도 실행합니다. 대표적인 예로 일본어의 국어 상용, 일본 이름으로의 창씨개명, 색의 장려(色衣奨励)[11] 등을 꼽을 수 있습니다.

---

11 한국의 전통적인 흰옷이 아니라 염색이 된 옷을 입도록 한 정책.

1936년 관동사령관을 하다 조선총독이 된 육군대장 미나미 지로(南次郎, 뒤에 A급 전범으로 기소된다)는 조선에서의 징병제 실시, 히로히토 일왕의 방문을 구실로 한 소학교에서의 조선어 폐지 등 '내선일체(内鮮一体)'라는 구호하에 민족 말살 정책을 추진했습니다.

강덕상은 이렇게 설명합니다. "중일전쟁 이후에는 특히 '교문은 영문(營門, 병영의 문)'이라면서 소학교에서 일본어 교육을 철저히 실시하고, 여기서 두각을 나타내는 학생을 일본의 병사로 만들었습니다. 당시 중학생이던 저조차 일본의 필승을 의심하지 않았고, 육군유년학교를 희망했을 정도니까요. 소국민 교육이 무서운 효과를 발휘한 겁니다."

조선에서는 징병제에 의해 1944년부터 종전까지 40만 명의 청년이 일본의 군인·군속으로서 태평양전쟁에 동원되었고, 그중 2만 명이 희생되었습니다.[12]

또, 일본군의 통제와 감독하에 아시아·태평양 침략지에 '위안소'를 만들고, 많은 조선인 여성들로 하여금 본인의 뜻과는 상관없이 '위안부'가 되도록 강제했습니다. 일본 정부가 위안부 제도의 진실을 정면으로 인정한 고노 담화에서 드러난 통절한 반성과 진심 어린 사죄에 걸맞은 행동이 필요한 것입니다.

1945년 8월 15일 일본이 포츠담선언을 수락하고 연합국에 항복하자, 한국은 식민 지배에서 해방되어 민족의 독립을 회복한 '광복'의 날을 맞습니다. 서울의 거리 곳곳에서 환희에 차 만세를 외치는 목소리

---

12 히구치 유이치(樋口雄一), 『전시하 조선의 민중과 징병』, 소와사(総和社).

가 울려 퍼졌습니다.

2014년 9월 23일·10월 1일 자, 야마자와 다케시

3. 동방회의에서 만주사변으로
-'체류 중인 자국민을 보호한다'는 구실

일본이 한반도 식민지화를 이어가면서 본격적으로 중국대륙에 대한 침략을 시작한 것은 1931년 만주사변부터였습니다. 만주사변, 즉 중국 동북부에 대한 침략은 어떤 이유로 시작되었던 것일까요?

중국 침략을 결정하다

야스쿠니신사는 만주사변의 시작에 대해 "만주에서의 배일(排日)운동과 체류하는 일본인의 위기감이 관동군이 주도한 만주사변의 계기였으며, 이에 따라 만주국을 건설하게 되었다"[13]고 설명합니다. 중국의 민족의식 고양과 배일운동이 일본인의 위기감을 증대시켜 만주사변을 일으켰다는 것입니다.

하지만 일본이 중국 침략을 결정한 것은 1927년 6~7월에 진행된

---

13 『유슈칸도록』, 2008년 판.

우리는 가해자입니다

'동방회의'입니다. 당시 총리와 외무대신을 겸하고 있던 다나카 기치(田中義一)의 주최로 열흘 넘게 개최된 이 회의에서 군부와 정부·외무성의 수뇌가 한자리에 모여 중국대륙에 대한 적극적인 개입을 결정했습니다.

"시나(支那, 중국의 구칭)에서의 제국의 권리·이익 및 체류하는 일본인의 생명·재산이 침해당하는 일과 관련해서, 필요에 따라 단호한 자위의 조치를 취해 이를 수호할 수밖에 없다."[14]

침략의 구실로 일본의 '권익'과 '체류하는 일본인의 생명·재산의 침해'를 꼽은 것입니다.

---

14 동방회의 '대시나 정책 강령(対支那政策綱領)'에 관한 훈령.

일본군의 진저우 입성, 1932년 1월 3일(『화보 일본 근대의 역사 10』)

일본의 권익이란, 러일전쟁(1904~1905) 이후 러시아로부터 빼앗은 남만주를 가로지르는 철도(남만주철도)의 사용과 관리권 등을 말합니다. 일본은 그 권익을 지키기 위해 관동군(중국 동북부에 주둔하던 육군)을 남만주에 주둔시켰습니다.

일본 근현대사 전문가인 야마다 아키라(山田朗) 메이지대학 교수는 말합니다.

"영·미에 협조적이던 외교 노선을 버리고 팽창주의 노선을 선택한 것이 동방회의였습니다. 일본은 같은 시기에 중국 국민당군의 만주 접근을 막고 산둥반도에서의 권익을 수호하기 위해 산둥 지역 출병을

우리는 가해자입니다

3번이나 감행했습니다. 본격적으로 전쟁이 벌어져야 움직일 수 있을 만한 대규모의 군대를 산둥성에 보냈습니다. 만주가 아니라 근접해 있는 산둥성에 예방 차원에서 대군을 파견한 것입니다. 더욱이 군부는 당시까지 군에 협력해왔던 장쭤린(張作霖)을 폭살합니다(장쭤린 폭살 사건). 이 사건은 미수로 끝난 만주사변이라 할 수 있습니다. 혼란을 틈타 만주를 점령하는 것이 목적이었기 때문입니다."

일본 정부는 동방회의에서 만주와 내몽골을 중국 본토와 구별되는 특별한 지역, 즉 일본이 '대국에 대항해 발전하기 위한 생명선'으로 설정한 뒤, 스스로 지배하기 위한 방침을 확립합니다. 이것이 '만몽생명선(満蒙生命線)'론입니다.

동방회의가 있기 전인 5월, 관동군 고급 참모 이타가키 세이시로(板垣征四郎, A급 전범)는 강연에서 일본의 생존을 위해서는 "원료의 보급지 및 상품의 판로를 확실히 자국의 세력하에 두지 않으면 대국과 어깨를 나란히 하며 국민의 경제적 생존을 확보할 수 없다"면서 "이곳(만주)을 영토로 삼는 것을 당면한 급무로 삼겠다"고 강조했습니다.[15]

신속한 행동

1931년 9월 18일, 관동군은 남만주철도 노선을 펑톈역 인근에서 폭파한 뒤(류탸오후사건), 이를 중국인의 공격으로 날조하여 군대를 출동시켜 해 뜰 무렵까지 펑톈시를 점령한 한편, 남만주철도의 모든 노선

---

15 '만몽 문제에 관하여'.

에 군대를 출동시켜 주요 도시를 점령합니다. 앞의 강연에서 이타가키는 "질풍과도 같이 신속한 행동"으로 목표를 달성하겠다고 강조했는데, 이 계획대로 일이 진행된 것입니다.

만주사변이 시작된 지 약 반년 만에 랴오닝성, 지린(吉林)성, 헤이룽장(黑竜江)성 등 동쪽 3개 지역이 모두 점령당했으며, 급기야 1932년 3월에 이 지역을 중심으로 괴뢰 국가인 '만주국'이 건국됩니다.

일본 정부는 "중국 군대의 일부가 남만주철도의 노선을 파괴하고 우리 수비대를 습격하는 바람에 충돌하기에 이르렀다"(만주사변에 관한 정부 제1차 성명)며 중국 측에 책임이 있다는 성명을 냄으로써 관동군의 행동을 정당화시켰습니다.

만주사변을 계기로 일본에서 군부의 영향력은 강해졌습니다. 그리고 당시의 상업신문은 관동군의 '성공'을 대대적으로 보도합니다.

반일 감정의 원인

당시 중국의 대일 감정은 악화되어 있었습니다. 일본이 무력으로 러시아와 독일로부터 빼앗은 만주와 산둥성의 권익을 유지·확대했기 때문입니다. 배일운동은 일본이 청일전쟁, 러일전쟁 등을 통해 중국으로부터 빼앗은 조차지의 반환을 요구하거나, 불평등조약의 폐기를 요구하는 등 주권 회복 운동이었습니다.

중국 근현대사가 전문가 구보 도루(久保亨) 신슈(信州)대학 교수는 "일본이 중국에서 권익을 확대하지 않았다면 배일운동은 일어나지 않

우리는 가해자입니다

았을 겁니다. 배일운동이 강화된 한 가지 원인은 권익 확장의 흐름에 편승한 체류 일본인의 급증이었습니다. 1920년대만 하더라도 도시부를 중심으로 매년 1만 명 이상 일본인이 증가했기 때문에, 중국의 입장에서는 평온할 수가 없었던 거지요"라고 설명했습니다.

구보 교수는 '체류 일본인 보호'를 이유로 군대가 주둔한 것이 뒤이은 침략의 불씨가 되었다고 지적합니다. "체류 일본인 보호를 목적으로 한다던 중국에서의 군대 주둔은 구미 열강의 침략에 반대하는 배외주의적(排外主義的) 민중 봉기인 '의화단(義和団)사건'(1900)[16] 당시 시작되었습니다. 다른 나라의 주둔군은 규모를 축소해가지만, 1936년 일본은 이전까지 수백 명 규모이던 주둔군을 5,800명으로까지 늘렸습니다. 이 군대가 1937년 중·일 전면 전쟁의 발단이 되는 베이징 교외의 군사적 충돌, 즉 루거우차오사건을 일으킵니다."

원래 중국 사람들의 대일 감정은 나쁘지 않았습니다. 당시 중국은 근대화의 모델로서 일본을 배워야 한다고 생각했기 때문입니다. 구보 교수는 이렇게 설명했습니다. "중국에서 매년 1만 명의 유학생이 오던 시기도 있었습니다. 일본이 산둥과 만주 등에서의 권익을 현저히 확장하려고 '21개조 요구'[17]를 내놓으면서부터 대일 감정은 악화된 겁니다."

---

16 서구 열강에 의한 중국 분할에 반대하는 중국 민중의 반제·생활 수호 투쟁을 일본을 주축으로 한 8개국 연합군이 탄압한 사건.

17 제1차 세계대전에 참가한 독일이 지배한 산둥성, 칭다오(靑島) 등을 공격하여 점령한 일본이 전쟁 중이던 1915년 1월에 중국 정부에 내놓은 요구안. "양 체결국은 뤼순, 다롄(大連)의 조차 기한 및 남만주·안펑(安奉)철도의 기한을 99년씩 연장한다"는 등, 남만주와 동부 내몽골, 산둥성의 지배권을 일본에 넘기고, 각종 경제적 특권, 일본인 정치·군사 고문의 배치 등을 요구했다.

자위와 정당화

당시 일본 정부는 침략 행위가 '단호한 자위 조치'라고 주장했습니다. 이는 제1차 세계대전을 반성하며 국제사회가 보여준 파리부전조약(1928) 등 '침략 전쟁' 금지 움직임에 대한 대응이었습니다. 이와 관련해서 야마다 교수는 다음과 같이 지적합니다. "정책적 수단으로서의 전쟁을 금하고, 자위전쟁 외에는 위법으로 규정되었지요. 따라서 일본 육군은 '자위'라는 이유만 내세우면 어떤 군사행동도 가능하다고 생각한 겁니다." 말하자면 국제적인 평화의 흐름을 거스르는 '구실'이었습니다.

〈만주사변 관련 연표〉

1914년 1월	제1차 세계대전 개시(~1918)
1915년 1월	일본, 중국에 21개조 요구
1919년 5월	중국에서 5·4운동 일어남
1927년 5월	제1차 산둥 출병
1905년 6월	동방회의
1928년 6월	장쭤린 폭살 사건
1931년 9월	류탸오후사건, 만주사변 개시
1932년 3월	괴뢰국가인 만주국 성립
1905년 5월	5·15사건
1933년 3월	일본이 국제연맹을 탈퇴함

2014년 8월 2일 자, 와카바야시 아키라(若林明)

우리는 가해자입니다

4. 중국에 대한 전면 침략
– '중국이 일격에 굴복할 것'으로 예상하다

중국 동북부를 침략하고 괴뢰국가인 만주국을 건설한 일본은 1937년 7월, 중국에 대한 전면 침략 전쟁을 개시합니다. 과거 일본의 식민지 지배와 침략 전쟁 미화의 중심이 된 야스쿠니신사의 군사박물관 유 슈칸이 이 과정을 어떻게 왜곡하고 있는지 검증하면서 역사적 사실을 살펴보겠습니다.

루거우차오사건, 1937년 7월
– 현지의 정전협정을 무시하다

일본의 중국 전면 침략의 발단이 된 것이 1937년 7월 7일 밤, 베이 징 교외의 루거우차오에서 야간 연습을 하고 있던 일본군이 중국군과 충돌한 루거우차오사건입니다.

유슈칸은 이 사건을 다음과 같이 묘사하고 있습니다.

"1993년 탕구(塘沽)협정을 통해 안정되었던 중일 관계는 현지 일본 군의 호쿠시(北支, 허베이(華北)의 일본식 명칭 – 옮긴이) 공작과 코민테른 (Comintern)의 지도하에 있던 중국공산당에 의한 항일 테러의 격화로 인해 다시 악화되었다", "루거오차오의 일본군에 대한 중국 측의 총격 이라는 작은 사건이 호쿠시 전역을 전쟁터로 만드는 호쿠시사변으로 발전한 배경에는 이러한 중국 측의 반일 분위기가 있었다".[18]

하지만 역사적 사실은 어떨까요?

만주국을 건설한 일본은 1933년 5월 중국과 탕구정전협정을 맺었지만, 그 직후부터 만주국에 인접한 허베이를 중국 국민당의 영향에서 분리시켜 '제2의 만주국'으로 만들기 위한 허베이 분리 공작을 진행했습니다. '호쿠시 공작'이란 이것을 가리킵니다.

이에 반발한 중국에서는 항일 기운이 고조되었습니다. 1936년 12월에는 항일보다도 중국공산당과의 대결을 중시하던 장제스(蔣介石)를 둥베이(東北) 지방의 실력자 장쉐량(張學良)이 감금하면서 내전의 중지를 요구했던 시안(西安)사건이 발생했습니다. 장제스는 장쉐량의 요구를 받아들이고 국민당과 중국공산당은 항일 민족 통일 전선을 결성하기 위해 움직이기 시작했습니다.

한편 일본은 1900년 의화단사건을 통해 손에 넣은 베이징·톈진(天津) 등에서의 주병권을 방패로 삼아, 베이징 주변의 병력을 일방적으로 늘렸습니다. 중국과 일본 사이의 긴장이 고조되는 가운데 일본군이 중국군의 눈앞에서 야간 연습을 강행하여 우발적으로 일어난 것이 루거우차오사건이었습니다.

그런데 유슈칸의 주장은 허베이를 세력하에 두려는 일본의 침략적 야망과 이에 대항하는 중국의 운동을 두고 결국에는 후자에 전쟁 개시의 책임이 있는 것처럼 말하며 침략자의 편을 든 것에 지나지 않습니다.

---

18 『유슈칸도록』.

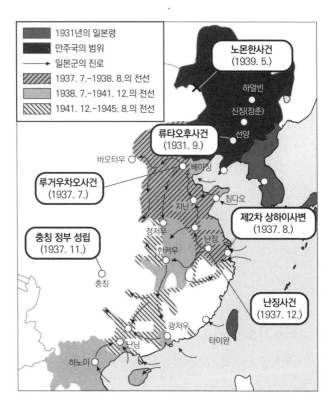

■	1931년의 일본령
■	만주국의 범위
→	일본군의 진로
▨	1937. 7.~1938. 8.의 전선
▨	1938. 7.~1941. 12.의 전선
▨	1941. 12.~1945. 8.의 전선

노몬한사건
(1939. 5.)

하얼빈

신징(장춘)

선양

류탸오후사건
(1931. 9.)

바오터우

베이징

루거우차오사건
(1937. 7.)

지난

칭다오

제2차 상하이사변
(1937. 8.)

충칭 정부 성립
(1937. 11.)

정저우

한커우

난징

충칭

난징사건
(1937. 12.)

광저우

타이완

난닝

하노이

중일전쟁 당시 일본군의 진로

루거우차오사건 당시 현지의 일본군은 1931년의 류탸오후사건과 달리 우발적 충돌로 해결하기 위해 중국 측과 교섭했고, 7월 11일에는 정전협정이 조인되기에 이릅니다.

그러나 '중국이 일격에 굴복할 것'이라고 예상한 육군의 핵심 인사들은 7월 10일에 허베이에 약 10만 명의 대규모 병력 파견을 결정했습니다. 고노에 후미마로 내각도 7월 11일에 "이번 사건이 중국 측의 계획적 항일 무력 행동이라는 데는 의심의 여지가 없다"고 단정하며 파병을 승인합니다. 이는 사건을 중국 전면 침략의 계기로 삼으려던 일본 정부·군부의 야망을 노골적으로 드러낸 것이었습니다.

당시 일본군의 움직임에 대해 야마다 아키라 메이지대학 교수는 "만주사변을 성공한 경험이 강렬하게 남아 있었던 결과"라고 지적합니다. "만주를 빼앗았던 것처럼 군사적 충돌을 이용해 허베이도 빼앗을 수 있지 않을까 하는 생각으로 침략을 결행했습니다. 성공에 집착한 나머지 일을 저지를 때마다 중국과의 대립이 심화되고, 끝내는 세계와의 대립으로 이어진다는 점을 알아차리지 못했던 것입니다."

제2차 상하이사변, 1937년 8월
– 평화를 끝내고 전화(戰火)를 확대하다

허베이에서 자행된 일본의 새로운 침략은 중국 전역에서 격렬한 항일운동을 불러일으켰습니다. 그런 와중에 있던 1937년 8월 13일, 상하이에서 일본군과 중국군이 충돌했습니다. 이것이 제2차 상하이사변이었습니다.

유슈칸은 "중국 측의 도발로 인한 제2차 상하이사변 이후, 장제스는 광대한 국토 전역을 전쟁터로 만들어 일본군을 피폐화하는 전략을 선택했고 대동아전쟁이 끝날 때까지 8년간 싸움을 벌였다"고 설명합니다. 그러나 이는 침략의 책임을 침략당한 쪽에 전가하는 비열한 논리입니다.

오야마 이사오(大山勇夫) 해군 중위 등이 중국 측에 살해되면서 두 나라 군대가 충돌한 원인이 되었다는 '오야마사건'도 최근의 연구 결과 일본 해군의 모략에 의한 것이었다는 견해가 제기되었습니다.[19] 그런데도 고노에 내각은 15일 난징 정부를 단호하게 응징하겠다는 성명을 발표하고, 17일에는 그때까지 표면적으로 내세우던 '불확대 방침'을 포기합니다.

상하이를 공략한 일본군은 공명심에 사로잡힌 나카시마 방면군(中支那方面軍) 마쓰이 이와네(松井石根) 사령관 등의 독단에 따라 난징으로 진격했고(대본영에서도 이를 추인했다), 12월에 점령한 뒤 대학살 사건을 일으켰습니다.

이 시기, 일본 측의 의뢰에 따라 독일을 중개자로 하는 평화 교섭이 진행되었지만, 난징이 함락되자 일본이 강화 조건을 내세우는 바람에 결렬되고 맙니다. 고노에 내각은 1938년 1월 16일, "이후로는 국민당 정부와 상대하지 않겠다"는 성명을 발표하여 외교 교섭의 문을 스스로 닫아버렸습니다.

일본군이 장제스 정권의 군사적 굴복을 목표로 침략을 확대하면서 장기전의 수렁에 빠져든 것이었습니다.

19　가사하라 도쿠시(笠原十九司) 쓰루(都留)문과대학 명예교수, '오야마사건의 진상', 『연감 일본 현대사 제17호』, 겐다이시료숫판(現代史料出版).

난징사건, 1937년 12월

– 일본군의 기록에도 남아 있는 명백한 학살

일본군은 1937년 12월 13일 난징을 점령하고, 그 과정에서 중국군과 민간인을 대상으로 학살 사건을 저질렀습니다. 『난징사건』[20] 등의 저작을 남기기도 했던 가사하라 도쿠시는 "십 수만 이상 20만 가까이, 혹은 더 많을지도 모르는 중국군과 민간인이 희생당한 것으로 추정된다"고 지적합니다.

그러나 유슈칸은 난징사건에 대해 마쓰이 사령관이 "'군율 엄수와 불법행위 절대 금지'를 명령했다"고 강조하면서, "패배한 중국군 장병은 퇴로인 샤관(下關)으로 몰려갔다가 섬멸되었다. 시내에서는 사복으로 갈아입고 편의대(便衣隊, 사복 차림으로 적 지역에 들어가서 후방을 교란하고 적정을 탐지하던 부대 – 옮긴이)가 된 패잔병을 삼엄하게 적발했다"고만 기술할 뿐, 포로나 시민 살해에 대해서는 전혀 다루지 않습니다.

이에 대해 가시하라는 "일본 정부는 난징사건을 다루었던 도쿄재판(극동국제군사재판)의 판결을 받아들여, 외무성 홈페이지에도 '일본군의 난징 입성(1937) 후, 비전투원의 살해와 약탈 행위 등이 있었다는 것은 부정할 수 없다'고 게재하고 있다. 유슈칸의 기술은 일본 정부의 견해에도 반하는 것이며, 국민적으로 전혀 통용되지 않는다"고 이야기합니다.

난징 공략 직전, 마쓰이 사령관이 군규풍기(軍規風紀)의 엄숙 등을 부대에 하달했던 것은 사실입니다. 하지만 이는 전혀 효력을 발휘하지

---

20 이와나미(岩波)신서.

우리는 가해자입니다

중산먼(中山門)을 통해 난징으로 입성하는 일본군, 1937년 12월 13일(『화보 약진의 일본』)

못했습니다.

　3개월여에 걸친 상하이에서의 격전으로 피폐해지고 식량 보급도 받지 못한 채 진격하던 일본군들이 전시 국제법도 전혀 알지 못한 상태로 약탈·폭행·학살·방화를 일상적으로 자행하며 난징으로 들어가 학살 사건을 저질렀기 때문입니다. 그 책임은 전적으로 마쓰이 사령관 등에게 있었습니다.

난징에서 포로나 비전투원의 대규모 살해가 저질러진 것은 현장에 있던 일본군 장병의 증언과 일기 등에 분명히 남아 있습니다. 구 일본군 장교와 자위대 간부의 친목 단체 '가이코샤(偕行社)'가 편집한 『난징전사(南京戰史)』에도 "포로를 잡지 않는 방침을 정하면 거추장스러운 일을 미연에 방지할 수 있을 것", "나중에 알게 된 바에 따르면, 사사키(佐々木) 부대가 단독으로 처리한 것만 약 1만 5,000"[21] 등, 포로에 대한 조직적인 살해를 자행했던 기록이 남아 있습니다.

난징사건은 그 즉시 세계로 보도되었고 머지않아 육군 핵심부도 문제 삼지 않을 수 없게 되어, 결국 마쓰이 사령관은 1938년 2월에 해임됩니다. 그리고 패전 이후 도쿄재판에서 난징사건의 책임을 지고 교수형에 처해졌습니다.

2014년 8월 23일 자, 이리사와 다카후미(入沢隆文)

5. 태평양전쟁으로의 길
─영토 확장의 야망과 파탄

1941년 12월 8일 새벽, 일본 육군이 영국령 말레이반도에 상륙하고

---

21 나카지마 게사고(中島今朝吾) 중장의 12월 13일 일기.

약 1시간 뒤 일본 해군은 미국 하와이 진주만에 기습공격을 감행했습니다. 중국대륙을 계속 침략해온 일본이 동남아시아 전역과 태평양 지역을 향해 침략적 야망을 내보인 순간입니다. 국내외에서 막대한 희생과 피해를 초래한 태평양전쟁이 시작된 것이었습니다.

중일전쟁의 연속

일본이 미국·영국 등과 개전을 단행한 것은 중국 침략이 벽에 부딪히자 이를 영토 확장으로 타개하려는 위험한 야망이 겹쳐지면서 나타난 결과였습니다.

1937년부터 중·일 전면 전쟁은 중국의 격렬한 저항으로 인해 장기화됩니다. 그리고 1939년 9월 나치 독일이 폴란드를 침공하면서 제2차 세계대전이 발발했고, 네덜란드·프랑스 등에게 승리를 거두고 영국을 압박 중이던 독일에 일본은 환혹(幻惑)되고 맙니다.

1940년으로 접어들면서 일본은 새로운 영토 확장 계획을 국책으로 수립합니다. 독일·이탈리아와 손잡고 석유 자원 등을 가진 동남아시아 지역의 구미 식민지를 '생존권'(1940년 9월, 대본영 정부 연락 회의 결정 등) 차원에서 확보한다는 것이었습니다.

이 직후 북부 프랑스령 인도차이나(지금의 베트남 북부)에 진주하고, 뒤이어 독일·이탈리아·일본이 3국동맹을 체결한 것은 무력에 의한 '남진 노선'이라는 독일·이탈리아·일본에 의한 '세계 재분할'을 구체화하는 위험한 시도였습니다.

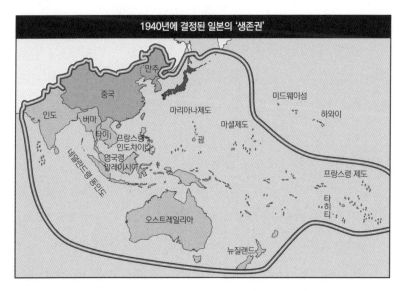

1940년 9월 16일, 대본영 정부 연락 회의 결정. '독일·이탈리아·일본 동맹 강화에 관한 건'에 근거해 작성.

이에 일본과 미국·영국의 관계는 급격히 악화됩니다. 1941년부터의 미일 교섭에서 무력 진출 노선을 바꾸려 하지 않는 일본에 대해 미국은 제재 조치를 점차적으로 강화했습니다. 침략 전쟁을 미화하는 야스쿠니신사의 군사박물관 유슈칸은 이 교섭 과정에 대해 "평화를 모색한 일본"[22] 운운하며 일본이 마치 미국의 대일 제재 강화 때문에 전쟁을 할 수밖에 없었다는 식으로 묘사하고 있습니다.

히토쓰바시(一橋)대학 요시다 유타카(吉田裕) 교수(일본 근현대사)는 "미일 관계만을 의도적으로 따로 떼어내 논의한다는 점에 근본적인

---

22 『유슈칸도록』.

　　　　　　　　　　　　　우리는 가해자입니다

오류가 있습니다. 일본의 중국 침략과의 관계를 언급하지 않고 말이지요. 사실을 왜소화시키는 비역사적인 인식입니다"라고 지적합니다.

"미일 교섭의 핵심은 중국으로부터의 일본 철수 문제였습니다. 그러나 도조 히데키(東条英機) 육군성 대신은 '철병 문제는 심장'이라고 하면서, 이를 양보하면 중국뿐만 아니라 한반도 지배까지 위태로워진다며 강경하게 주장했습니다. 타협의 여지는 없었습니다."

미일 교섭이 한창이던 7월 말, 일본은 남부 프랑스령 인도차이나에도 병력을 보내 남진을 위한 기지를 확보합니다. 이에 미국은 일본에 대한 석유 수출 전면 금지를 단행합니다. 일본에서는 "이대로라면 갈수록 상황이 악화될 것"이라는 조기 개전론(早期開戰論)에 힘이 실리면서 '자존자위론(自存自衛論)'이 대두합니다. 군사력에 의한 자원 획득을 위해 대 미·영 전쟁으로 방향을 틀었던 것입니다.

헐 노트(The Hull Note)를 구실로

대 미·영 전쟁은 1941년 7~12월에 열린, 히로히토 일왕이 주재한 네 차례의 어전회의를 통해 결정됩니다. 7월 2일 "대 영·미 전쟁을 불사한다"고 확인한 데 이어, 9월 6일에는 "10월 하순을 목표로 전쟁 준비"에 돌입합니다.

"결정적인 것은 11월 5일 어전회의였습니다. 여기서 12월 상순의 개전이 확정된 것입니다. '무력 발동의 시기를 12월 초로 정하고, 육·해군은 작전 준비를 완료한다'고 명기했습니다. 그리고 육·해군은 준비

일본군의 기습공격을 받은 미국 하와이의 진주만 항, 1941년 12월 8일(『화보 일본 근대의 역사 12』)

에 박차를 가합니다. 계속적으로 '외교 교섭'이 진행되었지만, 그 목적은 일본의 개전 결의를 알아차리지 못하게 하기 위한 '기만 외교'였습니다. 그 전쟁이 자위라고 말하고 싶어 하는 이들은 12월 1일 어전회의가 최종 결정이었다고 강조하지만, 형식적인 결정이었을 뿐입니다."(요시다 교수)

유슈칸 등이 '12월 1일'에 집착하는 것은 11월 26일 코델 헐(Cordell Hull) 미국 국무장관으로부터 "반년간의 교섭을 무의미한 것으로 만들어버리는 강경안(헐 노트)"을 제시받은 일본이 개전하지 않을 수 없었다는 시나리오를 무너뜨리고 싶지 않기 때문입니다.

그러나 헐 노트는 어디까지나 미국 정부의 '시안'일 뿐, '최후통첩'

우리는 가해자입니다

이 아니었습니다. 그 내용도 중국으로부터의 철수와 더불어 나라의 영토·주권 존중과 내정간섭 등 당시의 국제적인 여론을 어느 정도 반영한 것이었습니다. 헐 노트에 반발하던 일본의 자세는 중국 침략과 남진 정책이 얼마나 세계의 흐름을 거스르고 있었는지 명확하게 보여준다고 하겠습니다.

헐 노트가 일본에 전해진 26일, 일본군 기동부대는 이미 진주만 공격을 위해 비밀리에 정박지[23]로 출항해 있었습니다.

허구의 '대동아공영권'

"일본군 점령하에서 한번 타오른 불꽃은 일본이 패배한 뒤에도 사그라지지 않고….." 유슈칸은 이렇게 말하면서 일본의 전쟁이 제2차 세계대전 이후 아시아 국가들의 독립을 앞당겼다는 식으로 주장합니다.

게이오(慶應)대학의 구라사와 아이코(倉沢愛子) 명예교수(동남아시아 사회사)는 "역사적으로 정확한 기술이 아닙니다. 일본에 의한 옛 종주국의 타도와 점령 통치가 이 나라들의 독립에 있어 필수조건이 아니었기 때문입니다. 제1차 세계대전 직후부터 독립의 움직임은 시작되었으니까요"라고 말합니다.

개전 직전인 1941년 11월, 대본영 정부 연락 회의가 정한 '남방 점령지 행정 실무 요강'은 동남아시아를 군정하에 두는 목적이 "중요 국방 자원의 급속한 획득" 등에 있으며, 오히려 독립운동 등이 "유발되는

---

23 치시마(千島, 쿠릴)열도 에토로후(択捉)섬.

것을 피하라"고 명기하고 있습니다.

　일본은 미군·영국군의 반격이 본격화된 1943년 11월, 대일 협력을 목적으로 만주국을 비롯해서 필리핀, 버마 등의 대표자를 도쿄에 불러 '대동아회의'를 개최하여 '자주독립의 존중' 등을 내세웠습니다. 그러나 같은 해 5월 어전회의에서 결정된 '대동아 정략 요강'에는 다음과 같은 내용이 명기되어 있었습니다.

　"말레이, 수마트라, 자바, 보르네오, 셀레베스는 제국 영토로 결정하고, 중요 자원의 공급원으로서 역량을 기울여 개발하며, 민심의 파악에 노력한다." 중요 자원을 확보하려는 일본의 본심은 확고부동했습니다. '대동아공영권'으로 일본이 자행한 자원·식량 등의 수탈 강화는 현지에서 유지되던 생산·유통 구조를 붕괴시킵니다. 그 결과 식량이 고르게 분배되지 못해, 베트남에서만 200만 명 등 각지에서 수많은 사람이 굶어 죽는 사태가 일어났습니다.

　인도네시아에서 상세한 조사를 실시했던 구라사와 명예교수는 이렇게 말합니다. "쌀의 증산을 요구하며 일꾼들을 '노무자'로서 강제적으로 동원했습니다. 일본의 점령이 견디기 어려운 희생을 강요했던 것입니다. 전후에도 한동안 생산량이 회복되지 못할 정도로 깊은 상처를 남겼지요. … 선의에서 독립에 도움을 주었던 일본인이 몇몇 있었습니다. 하지만 일본 국가의 뜻은 달랐어요. 입맛에 맞는 사실만 끼워 맞춘다고 해서 진실이 될 수는 없습니다."

2014년 11월 1일 자, 미야자와 다케시(宮澤毅)

2장

난징대학살, 731부대, 일본군 위안부
- 움직일 수 없는 사실

1. 구 일본군 관계자가 말하는 난징대학살

유네스코가 중국이 신청한 자료를 '세계기억유산'으로 등록하면서(2015년 10월 10일) 화제가 되었던 일본군의 난징대학살(난징사건). 1937년 12월 13일, 난징 입성을 전후해 난징 공략 및 점령 당시 일본군이 자행했던, 전시국제법·국제인도법에 반하는 중국 군인·민간인에 대한 불법적인 잔학 행위였습니다.

아베 신조 총리는 세계기억유산 등록에 대해 유감을 표명했습니다. 또한 스가 요시히데(菅義偉) 관방장관은 이에 대한 불만을 표하며 유네스코 부담금 지급 중단 혹은 감축을 검토하겠다는 뜻을 밝혔으며, 하세 히로시(馳浩) 문부과학대신은 기억유산 제도에 대한 개선을 요구하기도 했습니다.

일본 정부가 10월 유네스코 회합에 동석시킨 다카하시 시로(高橋史朗) 메세(明星)대학 교수는 '난징대학살의 역사 날조를 바로잡는 국민회의'의 발기인 중 한 사람입니다. 이 단체의 '성명문 및 요청문'(10월 23일)은 세계기억유산 등록에 대해 "뒤틀리고 날조된 역사적 사실을 등록·승인한 것에 강한 분노와 위기감을 느낀다"면서 '난징사건 부정론'을 언급했습니다.

그러나 난징대학살은 날조는커녕, 학문적으로도, 국제적으로도 인정된 역사적 사실입니다.

중국 전선의 오카무라 대장
-"시민 폭행은 사실이었다"

구 일본군의 오카무라 야스지(岡村寧次)는 1932년 상하이 파견군 참모부장에 취임한 이후, 시나(支那) 파견군 총사령관으로서 종전을 맞기까지 중국 전선을 지휘했습니다. 그리고 전후 방위성 전사실(戰史室)의 의뢰를 받아 전쟁 체험 기록을 정리합니다.[1]

오카무라는 난징사건 직후, 난징 공략전에 참가한 제6사단과 제9사단이 포함된 제11군을 통솔하여 한커우 공략전을 지휘합니다. 사령관으로 부임한 직후(1938년 9월)에 "난징 공략전에서 수많은 폭행이 저질러졌다는 소문을 들었으며, 이런 전과가 있는 부대를 이끌고 우한(武漢) 공략에 임할 것"이므로, 장교들에게 난징사건에 대해 물어보았다

---

1   『오카무라 야스지 대장 자료 상권 – 전장(戰場) 회상 편』, 하라쇼보(原書房).

고 합니다.

그리고 그 결과를 "하나, 난징 공략전 당시 수만 명의 시민들에 대한 약탈·강간 등의 폭행이 있었던 것이 사실이다. 하나, 제1선 부대는 보급 곤란을 구실로 삼아 포로를 살상했던 폐해가 있다. 하나, 상하이에는 상당수의 포로가 수용되어 있었지만 대우가 불량했다. 하나, 최근 포로가 된 적군 장교는 일본군에 붙잡혀도 살해당하고, 퇴각해도 지휘부에 살해당하기 때문에 완강하게 저항할 수밖에 없었다"고 정리했습니다.

오카무라는 이렇듯 난징에서 벌어진 일본군의 성폭력과 포로 학살을 확인했습니다. 또한 전쟁 체험 기록에 "난징사건의 전철을 밟지 않기 위한 배려", "군, 풍기소견(風紀所見)"이라고 기록해놓았습니다.

일본 육군 핵심부에 있던 인물이 이미 당시에 난징대학살을 사실로 인정하고 있었던 것이 분명합니다.

구 일본군 장교 친목 단체
-"중국 인민에 깊이 사죄할 따름이다"

구 일본군 장교와 자위대 간부의 친목 단체인 가이코샤는 기관지 《가이코(偕行)》에 '증언에 의한 난징전사'를 연재했습니다.(1984년 4월 호부터 1985년 3월 호까지)

"많은 패잔병들을 잡았지만 '해치워버리자'며 공격하는 경우가 많았다. 성내 소탕 과정에서도 사자산(獅子山) 부근에서 140~150명의 패잔병을 찾아냈지만, 결국 공격해 몰살시켰다"², "개중에는 자살(刺殺), 참수 등의 흉내를 내는 바보 녀석도 있었다", "입성 후 며칠 동안 샤관에서 매일 포로를 처분하고 있다는 소문을 듣거나 실제로 그런 광경을 목격했다. … 한 사람씩 잔교를 걷게 하다 끝에 다다르면 아래로 떨어지도록 소총으로 사살했다"³는 등 전장에 있었던 병사들의 증언이 전해졌습니다.

《가이코》(1983년 11월 호)는 '이른바 난징사건 정보 제공을 위한 부탁 말씀'이라는 독자 투고를 기사로 게재했습니다. 그 글의 목적은 "현재 허망한 비난에 대해 구체적 반증을 하지 않는 상태라, 난징대학살 등과 같은 막연한 표현으로 일괄하면서 20만, 30만이라는 막대한 수가 일본군이 저지른 포학(暴虐)의 근거라며 천연덕스레 통용되고 있는"데 반론하기 위해서였다고 합니다.

하지만 앞서 인용했듯이, 수집된 증언은 오히려 '대학살'이었음을 인정하는 것이 적지 않았습니다.

연재 최종회(1985년 3월 호)에서 《가이코》편집부 집필 책임자 가토카와 고타로(加登川幸太郎)는 "(사망자 수의) 막대한 숫자 앞에서 정신이 아득해질 수밖에 없다. … 이 수많은 불법에 변명의 여지가 없다"며 학살의 사실을 인정하지 않을 수 없었습니다. 또한 "중국인들에게 깊이 사죄드린다. 진심으로 죄송하며, 잔인한 짓이었다", "특히 피해자인 중

---

2   시마다 가츠미(島田勝巳) 제2기관총 중대장의 유고.
3   이시미츠 마사토시(石松正敏) 제2야전 고사포병 사령부 부관의 술회.

국인들이 일본군의 비행을 어떻게 고발하고 비난하든 잘못은 우리에게 있다. 뭐라 드릴 말씀이 없다"고 언급했습니다.

왜 대학살이 일어난 것일까요? 일본군의 중국 침략을 연구하는 쓰루 문과대학의 이코 도시야(伊香俊哉) 교수는 "난징 점령 전투에서 여단장과 사단장은 기본적으로 포로를 잡지 말라는 방침을 내려놓은 상황이었습니다. 대병력이던 중국군을 항복시킨 후에 어떻게 취급할 것인지 분명하게 정해져 있지 않았지요. 그것이 학살로 이어졌습니다. 더욱이 일본 측은 중국군, 중국인을 멸시하고 있었습니다. 중국인 포로들을 죽여도 문제가 안 된다는 분위기였던 것입니다"[4]라고 지적합니다.

난징대학살 희생자 수와 관련해 현재 연구 결과 가운데 가장 유력한 것은 "수십만 혹은 그 이상의 중국군·민간인이 희생되었다"[5]는 설입니다. 다만 이것은 자료의 발견 상황에 근거해 추정한 것입니다. 일본군은 연합국의 추궁이 두려워 패전 전후로 많은 자료를 소각했습니다. 진중일기 등의 자료가 공개되어 있는 것은 전 부대의 3분의 1 정도뿐이라고 합니다.

정보 통제로 인해 국민들에게 알려지지 않았던 난징사건을 외무성

---

4   이코 교수의 지적을 뒷받침하는 것이 제16사단 사단장 나카지마 게사고 중장의 일기(1937년 12월 13일)다. '포로 소탕'이라는 항목에서 "포로를 잡지 않는 방침을 정하면 거추장스러운 일을 미연에 방지할 수 있을 것"이라 기록하고, 아울러 "나중에 알게 된 바에 따르면, 사사키 부대가 단독으로 처리한 것만 약 1만 5,000, 태평문(太平門)을 수비하던 한 중대장이 처리한 것이 약 1,300, 선학문(仙鶴門) 부근에 걸집했던 약 7,000 혹은 8,000이 투항했다. 이 인원을 정리하는 데 큰 호(壕)가 필요했으나 좀처럼 찾기 힘들어 1안으로 100명, 200명씩 나눈 뒤 적당한 장소로 유인해 처리할 예정"이라 기록하고 있습니다. 13일 난징 입성 이후 하루 사이에 16사단이 단독으로 '처리'하거나, 하려 했던 투항병, 패잔병은 도합 2만 3,000명을 넘는다. 가이코샤 발행, 『난징전사자료집』.
5   가사하라 도쿠시, 앞의 책.

난징의 양쯔강(揚子江) 주변에서 학살된 사체들. 촬영: 무라세 모리야스(村瀬守保), 중일 우호협회 제공.

관료들과 육군대학 학생에 이르는 많은 군 관계자들은 이미 알고 있었습니다. 또한 다른 나라 언론인이나 외교관에 의해 그 사실이 세계로 알려지기도 했습니다. 전후에 연합국은 난징사건을 중요하게 여겼습니다. 일본에 전후 책임을 물었던 도쿄재판에서 난징전투의 사령관 마쓰이 이와네가 사형에 처해졌습니다.

가사하라 도쿠시 쓰루문과대학 교수는 "난징사건은 패배의 유산으로서 일본뿐만 아니라 인류를 위한 교훈으로 삼아야 합니다. 왜 그토록 잔학한 사건이 일어났는지 기억으로 남겨둬야 할 것입니다. 기억유산 등록에 반발하는 일은 난징사건 부정론에 서 있다는 것을 국제사

우리는 가해자입니다

회에 드러내는 부끄러운 일"이라고 지적합니다.

2015년 12월 13일 자, 와카바야시 아키라

2. 이것이 난징대학살이다: 일기에 생생히 적힌 병사의 기술 – 포로 대량 학살, 노인과 아이까지

"난징대학살은 없었다." 아베 신조 총리가 임명한 NHK 경영위원 히야쿠타 나오키(百田尚樹)가 도쿄도 지사 선거 지원 연설이라는 공적인 자리에서 한 발언입니다. 자민당 내부에서도 같은 취지의 발언이 나왔습니다. 대학살이 있었다는 것은 이미 역사적으로 자명한 사실입니다. 병사의 진중일기와 여러 가지 자료들을 통해 다시 한 번 검증해 보겠습니다.

학살의 사실을 생생하게 기록한 것으로 전투에 참가한 병사들이 개인적으로 기록한 진중일기가 있습니다. 난징대학살을 조사한 오노 겐지(小野賢二)가 20여 년에 걸쳐 30권 넘는 진중일기를 입수했습니다.

난징 공략전에 참가한 것은 나카시나 방면군(대장 마쓰이 이와네) 예하 제10군과 상하이 파견군이었습니다. 당시 상하이 파견군의 직할이었던 야마다 지대(山田支隊)[6] 하급 장교와 병사 들의 일기 내용을 인용

오노 겐지가 전(前) 병사와 유족들로부터 건네받은 진중일기.

하겠습니다.

일기에는 일본군이 난징을 함락시킨 다음 날인 14일부터 많은 포로들을 포획·수용하고, 16일부터 사흘간 학살했다는 내용이 생생하게 적혀 있습니다.

【1937년 12월 14일(난징 함락 다음 날)】

"오전 5시 출발, 동트기 전 무렵부터 적병을 속속 포로로 붙잡아 막부산(幕府山) 요새 점령. 오후 2시에 전투 중지, 막사를 점령한 후 포로를 수용하기 전에 숙영 경계, 포로 수 약 1만 5,000."

※ ① 간노 요시오(菅野嘉雄)는 보병 제65연대

【15일】

"오늘도 어제에 이어 포로가 늘어 총계 약 2만이 됨."

---

6   기간부대는 후쿠시마의 아이즈와카마쓰(会津若松) 보병 제65연대, 니가타의 에치고다카다(越後高田) 산악포병 제19연대 제3대대.

【16일(학살 1일째)】

"… 23일 전, 포로로 잡은 중국군의 일부인 5,000명을 양쯔강 강변으로 끌고 가 기관총으로 사살, 그 후 총검으로 실컷 찌르다. … 으윽, 으윽, 하는 중국군의 목소리. 노인도, 아이도 있었다. 한 사람도 남김없이 사살, 칼을 빌려 목을 잘라보았다. …"

※ ② 구로스 다다노부(黑須忠信)는 산악포병 제19연대

"… 포로 총인원 1만 7,025명, 저녁때부터 군 명령에 의해 포로 중 3분의 1을 강가로 끌고 가 1개 대대가 사살. … 병사 스스로 징발에 의

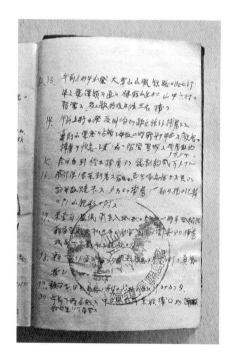

※ ① 포로의 수용, 총살, 사체 유기를 기록한 간노 요시오의 진중일기.

※ ② 병사 이외에 고령자와 아이까지 사살하고 총검으로 찔렀다고 기록한 구로스 다다노부의 진중일기.

해 급양(의복·식량 등을 공급하는 일)을 해결하는 것이 현시점에서 불가능해짐에 따라, 군으로부터 적당히 처분하라는 명령이 있었던 듯하다."

※ 엔도 다카아키(遠藤高明)는 보병 제65연대

【17일(난징 입성식 날)】

"미증유의 성대한 입성식에 참가, 1시 30분에 식 개시. 아사카노미야(朝香宮) 전하, 마쓰이 군 사령관 각하의 열병 진행, 남은 포로 1만 수천 명에 대한 총살이 이어짐."(간노)

"… 오후 5시, 적병 약 1만 3,000명을 총살하는 사역에 감. 이틀간 야마다 부대가 2만 명 가까이 되는 인원을 총살, 각 부대의 포로는 전

우리는 가해자입니다

부 총살한 듯."

※ 메구로 후쿠지(目黒福治)는 산악포병 제19연대

【18일(사체 처분 1일째)】

"아침부터 가랑눈 날림, 총살한 적병을 정리하러 감, 악취 극심."(간노)

【19일(사체 처분 2일째)】

"… 어제 총살한 적 사체 1만 수천 명을 양쯔강에 던짐. …"(메구로)

"… 양쯔강 강변의 현장으로 이동, 포개어진 몇 백의 유해를 보고 놀람. 석유를 뿌린 후 소각, 엄청난 악취. …"

※ 오데라 다카시(大寺隆)는 보병 제65연대[7]

오노는 전 병사 약 300명에게 증언을 의뢰하는 편지를 보냈고, 그중 200명이 증언해주었습니다. 증언을 거부한 사람 중에는 원전 추진 세력으로 유명한 기무라 모리에(木村守江) 전 후쿠시마 현지사가 있습니다.

그는 군의로서 종군하던 중, 군사우편을 지역지에 송부하여 난징의 상황을 전하면서 "포로를 어떻게 할지는 사령관의 명령에 따르는 것…"[8]이라 기술했습니다. 이 신문을 찾아낸 오노는 "당시 군사령관은 아사카노미야 야스히코오(朝香宮鳩彦王) 중장으로, 결국 황족의 명령으로 대학살을 실행했다는 말"이라고 지적합니다.

---

7   이상의 내용은 『난징대학살을 기록한 황군 병사들』에서 발췌한 것으로, 병사들의 이름은 오데라 이외에 모두 가명이며 내용은 모두 현대적인 문체로 바꾸었다.

8   《석간 이와키(磐城)시보》, 1938년 1월 24일.

오노는 이렇게 말합니다. "죽인 사람의 숫자가 많은지, 적은지의 논쟁에서 '학살은 없었다'고 부정하는 것은 용납할 수 없습니다. 죽임을 당한 것은 한 사람 한 사람의 살아 있는 인간입니다."

일본의 재판소 판결

○ 사실의 인정

"규모 등은 엄밀하게 확정할 수 없지만, '난징학살'이라 부를 만한 사실이 있었다는 것 자체는 거의 틀림이 없다."(731부대·난징대학살·무차별 폭격 사건 소송에 대한 도쿄지방재판소 판결, 1999년 2월 22일)

○ "학문적 가치가 없다"

7명의 가족이 살해당하고 자신도 일본군의 총검에 찔린 난징대학살의 피해자 샤수친(夏淑琴)은 아세아대학의 히가시나카노 슈도(東中野修道) 교수의 저서에서 '가짜 증언자'로 매도당했습니다. 이에 샤수친이 제기한 명예훼손 소송에 대한 도쿄지방재판소 판결(2007년 11월 2일)은 히가시나카노 피고에게 손해배상을 명령하면서 "피고의 원자료에 대한 해석은 전혀 타당한 것이라 말하기 어렵고, 학문 연구의 성과라 할 만한 가치가 없다고 해도 과언이 아니다"라고 단언했습니다. (이후 샤수친은 최고재판소에서 승소가 확정, 2009년 2월 5일)

2015년 12월 13일 자, 모토요시 마키(本吉真希)

우리는 가해자입니다

3. 731부대는 무엇을 했나?
- 70년 전의 모습을 드러낸 유적, 중국 하얼빈

1) 중국인 포로로 인체 실험을 하다

중국에서 인체 실험과 세균전을 실행한 일본군 731부대. 일본 정부는 부대의 존재를 인정하면서도 가해 사실은 인정하지 않습니다. 전후 70년을 맞는 올해 여름, 731부대 옛 부지 발굴 조사를 통해 세균 실험실과 특설 감옥이 70년 만에 모습을 드러냈습니다. 731부대는 과연 무엇을 했을까요?

헤이룽장성 하얼빈 시 교외에 있는 핑팡(平房) 구. 공장과 주택이 늘어선 가운데 녹음이 우거진 이곳 중심부에는 731부대 터가 있습니다.

731부대[9]는 페스트균 등의 세균 병기를 극비리에 연구·개발했고, 데이터를 얻기 위해 '마루타(丸太)'로 불리던 중국인 포로들에게 인체 실험을 반복했습니다. 그리고 시신은 소각로에서 불태웠습니다.

일본군은 패전 직전, 세균 실험실이 있는 '구호동(口号棟)'(사방 약 100미터)과 마루타를 수용하던 특설 감옥을 폭파하여 철저한 증거 인멸을 시도했습니다.

---

9   부대장은 이시이 시로(石井四郞) 군의중장(軍医中将).

일상다반사

하지만 올해 여름, 발굴 조사가 이루어져 그 자취가 일반에 공개되었습니다. 이 시설들은 일본군이 '특별군사지역'을 설정해(1938) 현지의 농민들을 내쫓고 지은 것입니다.

세균 실험실과 특설 감옥에서는 무슨 일이 벌어졌을까요? 전후에 중국에서 전범으로 기소된 우에다 야타로(上田弥太郎) 전 731부대 연구원은 자필 공술서(1955)에 이렇게 기록하고 있습니다. "체내에 페스트균이 주입된 중국인은 고통 때문에 눈을 크게 뜨고 양팔로 허공을 쥐어뜯으며, 끊임없이 비명을 질렀다. … 이 빈사의 절규에 신경 쓰는 이는 아무도 없었다. 이런 일은 일반다반사였기 때문이다."[10]

동상(凍傷) 실험도 진행했습니다. 전후에 소련에서 전범으로 기소된 니시 도시히데(西俊英) 전 731부대 교육부장의 심문 조사(1949년 12월 26일)에는 이렇게 기록되어 있습니다. "…영하 20도 이하(의 실외)로 부대의 감옥에서 사람들을 끌어내 맨손을 인공적인 바람으로 얼렸습니다. 작은 몽둥이를 가지고 동상에 걸린 손을 작은 널빤지를 두드리는 것 같은 소리가 날 때까지 계속 두드렸습니다."[11]

---

10 『증언 인체 실험-731부대와 그 주변』, 도분칸슛판(同文館出版).

11 『공판 기록 731세균전 부대』, 후지슛판(不二出版).

2) 헌병대와 결탁해 마루타를 모집하다

세균 무기 개발을 위해 소위 마루타라 불리던, 최소 3,000명 이상의 중국인들이 목숨을 잃었습니다. 이들은 어떤 식으로 모집되었을까요?

친란지(敬蘭芝)(향년 84세)의 남편으로 항일 활동가였던 주지인(朱之盈)은 1941년 7월 17일 헌병대에 체포되었습니다. 그날 밤, 친란지도 연행되었습니다. 남편은 봉에 묶여 피부가 찢어져 피범벅이 될 정도로 고문을 당했습니다. 친란지는 7일간 고문을 당한 뒤 석방되었지만, 남편은 끝내 돌아오지 못했습니다.

1986년 발견된 목단강(牧丹江) 헌병대 문서(구 소련 KGB 공문서관 소장)를 통해 케이(敬)는 남편이 '특이급(特移扱)'되어 731부대로 보내진 것을 알았습니다.

주먹을 쥐고 도쿄고등재판소의 패소 판결에 항의하는 친란지. 그녀는 731부대 재판의 원고 중 한 사람이다. 2005년 4월 도쿄고등재판소 앞.

'특이급'이란, 붙잡은 중국인들을 법정에서 심리하지 않고 헌병대 사령부의 허가를 받아 731부대에 보내는 것을 말합니다. 이 내용은 관동헌병대 사령부가 1938년 발령한 '특이급'에 관한 통달에 기록되어 있습니다.

1943년 통달에서는 '특이급'의 구별 기준을 ① 역이용할 가치가 없는 스파이, ② 갱생을 기대할 수 없는 사상범 등으로 규정했는데, 중국, 소련, 조선, 몽골 사람들이 그 대상이었습니다.

'특이급'된 중국인 등의 이름을 기록한 문서는 1997년 헤이룽장성 공문서관에서 발견되었습니다. 발견자는 침화일군(侵華日軍) 제731부대 죄증진열관(罪証陳列館)의 진청민(金成民) 관장입니다. 올해 8월에는 다른 문서에서 4명의 이름이 더 드러났습니다. 그렇게 지금까지 판명된 사람까지 포함해 이름이 알려진 피해자는 1,481명에 달합니다.

진청민은 다음과 같이 지적합니다.

"통달 등과 같은 공문서는 헌병대와 731부대가 결탁해 인체 실험을 준비 및 실행했음을 뒷받침해주는 직접적 증거다. 인체 실험은 인도주의 정신과 국제조약에 반한다. 생명의 윤리와 의학의 원칙에도 반하는 일이다."

3) 세균 무기를 실전에서 살포
– 발견된 극비 문서, 6개 작전에서 2만 명 사망

731부대는 인체 실험으로 효과를 확인한 세균을 실전에 사용했습니다.

실전에서 처음 장티푸스균을 살포한 것은 1939년 노몬한사건(당시 구 소련·일본 국경지대)이었습니다. 또한 일본군은 731부대 등을 중국 각지로 보내 1940~1942년에 중국 내 십 수 개 도시에 세균을 살포했습니다.

2개의 굴뚝이 남아 있는 보일러실 유적. 731부대 터는 2015년 여름에 발굴하여 일반에 공개되었다.

이 사실을 보여주는 육군군의학교 방역연구실 극비 보고서[12]가 4년 전에 발견되었습니다.

가네코 논문은 의학자 가네코 슌이치(金子順一) 전 731부대 대원이 1948년 도쿄대학에 제출한 의학 박사논문의 일부입니다. 이 자료에는 중국에서 6개의 작전(1940~1942)을 실행하며 배포한 PX(페스트균에 감염시킨 벼룩)의 양과 감염 사망자 수가 표로 정리되어 있습니다. 기록된 사망자 수는 2차 감염에 의한 경우까지 포함하면 2만 명에 이릅니다.

1941년 11월 4일에 세균 공격을 받았던 후난(湖南)성 창더(常德)의 시가지에서 발생한 페스트는 이듬해부터 농촌 지역에까지 전파되었습니다.

새카만 시신들

당시 세균에 감염되었던 능샨추(能善初)(당시 13세)는 조기에 치료를 받아 목숨을 건질 수 있었지만, 8명의 식구들 중 4명이 급사했습니다. 맨 처음 감염된 큰형은 밤에 발병해 고열, 두통과 더불어 양팔과 다리에 경련을 일으키다 동트기 전에 숨을 거뒀습니다. 시신이 온통 새카맣게 되었다고 합니다.

능샨추를 비롯한 피해자들이 제기한 소송에서 일본 정부는 세균전 관련 사실을 인정하지 않았습니다. 가네코 논문을 발견한 나스 시게오

---

12 '가네코(金子) 논문'이라고도 함.

우리는 가해자입니다

(奈須重雄, 731부대 세균전자료센터 이사)는 다음과 같이 강조합니다.[13]

"731부대는 세균 무기의 연구 개발과 실전 사용을 임무로 한 세균전 부대다. 가네코 논문은 그 사실과 세균전에서 많은 시민들이 희생되었다는 것을 뒷받침하고 있다."

미국이 전범을 면책하다

이시이 시로 부대장을 비롯해서 731부대에서 인체 실험을 진행한 의사와 의학자들은 전후 미국에 실험 데이터를 제공하고 그 대가로 도쿄재판에서 전범으로서의 혐의 추궁을 면책받았습니다.

그리고 그들 중 대다수가 의학계로 복귀했습니다.

2015년 11월 8일 자 일요판, 모토요시 마키

---

13 1990년대에 들어 731부대 피해자와 유족은 일본 정부에 사죄와 배상을 요구하며 도쿄지방재판소에 소송을 제기했다. 하지만 이는 중일공동성명(1972)에서 "해결 완료" 등의 내용이 언급되었다는 이유로 청구가 기각되어 최고재판소 패소가 확정되었다. 그러나 "인체 실험과 세균전이 있었다"는 사실은 분명히 인정되었다.

4. 위안부 문제의 진실

1) 의사에 반하여 강제되었다

《아사히신문》이 "위안부를 강제 연행했다"는 요시다 세이지(吉田清治)의 증언을 '허위'라며 취소한 것(2014년 8월)을 계기로, 위안부 문제의 진상과 본질을 뒤집고 숨기려는 발언과 움직임이 강해지고 있습니다. 아베 신조 총리도 국회 답변(2015년 10월 3일)에서 "일본이 국가적으로 성 노예를 삼았다는 이유 없는 중상"이라 공언하며 국제적으로 강한 반발을 샀습니다. 그러므로 문제의 진상과 본질은 무엇인지 피해자의 증언 등을 통해 다시 한 번 검증해보겠습니다.

'요시다 증언'이 허위라 해도 흔들리지 않는 '고노 담화'

Q: '요시다 증언' 취소는 '고노 담화'에 어떤 영향을 미칠까요?

A:《아사히신문》의 요시다 증언 보도 취소를 계기로 일부 우파 언론과 정치 세력이 공격을 퍼붓고 있는데, 1993년 당시 고노 요헤이(河野洋平) 관방장관이 발표한 정부 견해가 '고노 담화'입니다. 이 담화는 정부 관계자의 조사와 위안부 피해자 16명의 증언을 기초로 일본군이 관여한 사실과 강제성을 인정하고 사죄를 표명했습니다.

중요한 것은 "위안부를 강제 연행했다"는 요시다의 증언이 설령 허위라 하더라도, 고노 담화의 정당성은 흔들리지 않는다는 것입니다.

위안소에 들어가는 '출입자의 마음가짐'이 병참사령관 명의로 게시되어 있다.

고노 담화를 작성한 당사자였던 이시하라 노부오(石原信雄) 전 관방부장관은 이렇게 증언합니다.

"(요시다 증언이) 수상쩍다는 식의 논의는 했습니다. … 요시다 증언을 기초로 해서 한국 측과 논의한 것은 제가 아닙니다. … 거듭 말씀드리지만, 고노 담화 작성 과정에서 요시다 증언을 직접적인 근거로 강제성을 인정한 게 아닙니다."(2015년 9월 11일 방영된 TV아사히 〈보도 스테이션〉)

더욱이 아베 내각이 10월 24일 국무회의를 통해 채택한 '정부 답변서'에서 요시다 증언은 "헤이세이 5년(1993) 8월 4일 내각 관방장관 담화(고노 담화)"의 "문언에 반영되어 있지 않다"고 확인된 바 있습니다. 다시 말해, 고노 담화는 요시다 증언이 허위라 해도 아무 영향을 받지 않기 때문에, 이를 이유로 들어 비난하는 것은 통용될 수 없다는 것입니다.

강제 연행 여부와 상관없이 실태는 성 노예였다

Q: 강제 연행의 근거가 있습니까? 그것이 위안부 문제의 핵심 아닙니까?

A: 한반도 등의 여성들이 어떤 과정을 거쳐 일본군 위안소로 끌려가 위안부가 되었을까요? 여기에 다양한 경로가 있었다는 것은 위안부 증언을 통해서도 알 수 있습니다. 업자의 감언이설이나 거짓말에 속은 경우가 있는가 하면, 병사들에 의한 틀림없는 강제 연행도 있었지요. 고노 담화에서도 다음과 같이 인정하고 있습니다.

"모집에 관해서는 … 감언, 강압에 의한 것 등, 본인들의 의사에 반하여 모집된 수많은 사례가 있고, 더욱이 헌병 등이 직접 이에 가담한 일도 있었다."

중요한 것은 병사들에 의한 폭력적인 강제 연행 여부가 위안부 문제의 본질은 아니라는 것입니다. 어떤 방법으로 데려갔다고 해도 일본군이 설치, 운영, 관리하는 일본군 위안소에 일단 들어가면, 감금·구속되어 강제 사역에 처해졌습니다. 강제적으로 병사의 성적 대상이 되는 성 노예가 된 것입니다. 이것이야말로 문제의 본질입니다. 피해 여성의 증언도 이를 보여주고 있습니다.

고노 담화도 "위안소의 설치, 관리 및 위안부의 이송에 관해서는 구

우리는 가해자입니다

일본군이 직접 또는 간접적으로 관여했다", "위안소의 생활은 강제적인 상황하에서의 고통스러운 것이었다"고 확인하고 있습니다.

강제 연행 여부에 초점을 맞추어 '성 노예'라는 비판이 '이유 없는 중상'이라는 아베 총리 등의 논의는 국제적으로 통용될 수 없습니다.

부시(George W. Bush) 정권의 국가안전보장회의 아시아 담당 선임국장 마이클 그린(Michael Green)은 다음과 같이 지적합니다.

"강제적인지 여부는 관계없다. 일본 말고는 누구도 그 점에 관심이 없다. 문제는 위안부들이 비참한 일을 당했다는 것인데, 나카타초(永田町)의 정치가들은 이 기본적인 사실을 잊고 있다."(《아사히신문》, 2007년 3월 10일 자)

2) 재판소도 인정한 성 노예 상태

강제로 위안부가 된 한국과 필리핀, 네덜란드, 중국, 타이완의 여성들은 인간으로서의 존엄을 되찾기 위해 일본 정부에 사죄와 배상을 요구하며 10건의 소송을 제기했습니다. 결론적으로는 청구를 인정하지 않았지만, 10건 중 8건에서 도합 35명의 피해 사실을 인정했습니다. 위안부 증언은 믿을 수 없다는 주장이 등장한 가운데, 재판소의 엄격한 증거 조사를 통해 인정된 사실은 지극히 중요합니다.

그중에서도 원고 측이 일부 승소한 관부(関釜) 재판을 진행한 야마구치지방재판소 시모노세키 지부 판결(1998년 4월)은 일본군의 가해

행위를 "나치의 만행에 준하는 중대한 인권 침해"로 단죄했고, 또한 산시(山西)성 재판을 진행한 도쿄지방재판소 판결(2003년 4월)은 "상식의 궤를 현저히 벗어난 야만적 행위"라고 단정하며 입법적·행정적 해결이 필요하다는 이례적인 첨언을 덧붙인 바 있습니다.

지방재판소 또는 고등재판소에서 사실 확정된 원고 가운데 4명의 사례를 소개하겠습니다.

낙태 직후에도, 성병에 걸렸을 때도 / 노청자
- 한국유족회 재판(1991년 제소) 도쿄고등재판소 판결(2003년 7월), 공소인 6명

1920~1921년 충청남도 출생으로, 17세 되던 해 봄에 약 10명의 일본 군인들에게 손발이 묶인 채 트럭과 기관차에 실려 오대산 주둔부대 내 위안소로 연행되었다.

"18세 때 한 번 임신했다가 낙태 수술을 받은 지 일주일 뒤 퇴원해서 바로 성행위를 강요받았고, 19세 때 임질에 걸려 극심한 고통에 시달리며 치료를 받던 중에도 군인을 상대해야 했습니다."

옆구리 찔리고 팔에는 문신 / 송신도
- 재일한국인 재판(1993년 제소) 도쿄지방재판소 판결(1999년 10월), 원고 1명

1922년 충청남도 출생으로, 17세 되던 해인 1938년 무렵 '어머니의

지인'이라고 주장하는 초로의 조선인 여성에게 "조국을 위해 전장에 가서 일하면 돈을 벌 수 있다"고 꾀여, 위안소인지 모른 채 중국 우창 (武昌)의 일본군 위안소로 가게 되었다. 울면서 대들고 도망도 쳐봤지 만 그때마다 처벌을 받았다. 결국 종전까지 약 8년간 강제 사역을 당 했다. "위안소의 접객 담당자, 군인 등에게 반복적으로 두들겨 맞아 오 른쪽 귀가 들리지 않게 되었고, 옆구리를 군인이 비수로 찌르는 바람 에 자상이 생겼습니다. 우창의 위안소에서는 '가네코(金子)'라 불렸고, 왼팔에 '가네코'라는 문신도 새겨졌습니다."

'공장 일'이라고 속아서 / 박두리

- 관부 재판(1992년 제소, 한국) 시모노세키 판결, 원고 3명

1924년 9월 경상남도 출생으로, 17세 무렵 조선어와 일본어를 하는 위안소 주인이 집으로 찾아와 "일본의 공장에서 돈을 벌 수 있다"고 속여 타이완행 배에 태워져 위안소로 연행당했다.

"위안소에서 조선어를 쓰는 것은 폭력에 의해 금지되었으며, 호칭도 '후지코(フジコ)'였습니다. … 휴일은 한 달에 하루뿐이었고 자유롭게 외출도 할 수 없었어요. … 오랜 시간 성행위를 강요당해서 오른쪽 넓 적다리 밑이 퉁퉁 부어오르는 병에도 걸렸습니다."

군화에 밟혀 골반이 부서졌다 / 완아이화

-산시성 재판(1998년 제소, 중국) 도쿄지방재판소 판결, 원고 10명

1943년 6~12월에 3회에 걸쳐 당시 거주 중이던 산시성 위(盂)현 양촨(羊泉)마을에서 일본군에게 납치당해 같은 현 진구이(進圭)마을 영내에 있는 야오동(바위산의 토굴을 이용한 주거지)에 감금되었고, 도망을 가려다 폭행, 고문, 윤간을 당했다.

"식사는 가끔씩 소량의 잔반이 주어질 뿐이었다. … 세 번째 도망치다 붙들려 왔을 때는 … 개머리판과 몽둥이로 흠신 두들겨 맞고, 딱딱한 군화로 온몸을 짓밟히는 바람에 등, 배, 허리, 다리 등이 탈구되고 뼈가 부러졌다. … 골반이 부서지면서 월경도 할 수 없게 되었다."

사실로 인정된 8건의 재판을 살펴보면 다음과 같은 중요한 공통점이 발견됩니다.

① 35명의 피해자 전원이 강제적으로 위안부가 되었다.

② 위안소 생활은 문자 그대로 '성 노예'로서 비참하기 짝이 없는 것이었다.

③ 피해자는 육체적·정신적으로 깊은 상처를 안고 평생 동안 후유증으로 고통 받고 있다.

2015년 11월 2일 자 일요판

　　　　　　　　　　　　　우리는 가해자입니다

5. 오키나와를 통해 본 위안부 문제의 진실
─문서와 증언에 담긴 성 노예 실태

1) 위안소는 일본군이 건설·관리

오키나와에는 미군이 오키나와전투 직후에 접수한 방대한 구 일본군 문서가 있습니다. 그중에는 구 일본군에 의한 위안소의 건설·관리에 대해 구체적으로 기록한 자료도 있습니다. 전후에도 오키나와에서 생활한 한반도 출신 배봉기(裵奉奇, 1991년 타계)와 같은 증인이 있었습니다. 일본군 위안소와 위안부 문제의 진실을 오키나와에서 추적해보았습니다.

진중일지의 내용

구 일본군 문서 자료 가운데 위안소 건설에서 위안부의 관리·통제까지 세세하게 기술되어 있는 것이 진중일지입니다. 진중일지는 중대 이상의 부대에서는 의무적이었습니다. 하루하루의 병영 생활, 주둔지의 주민 상황 등이 기재되어 있습니다. 이 일지를 보면 경우에 따라 '후방 시설', '군인 구락부', '야마토(大和) 회관' 등으로 표기되기도 했던 위안소 관련 내용이 등장합니다.

『오키나와현사(沖縄県史)』와 각 시정촌사(市町村史)도 진중일지를 중요하게 봅니다. 이를테면 요미탄촌(読谷村)의 『요미탄촌사·전시 기록』

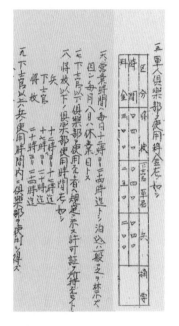

'군인 구락부'의 사용 요금, 영업 시간까지 정해놓은 구 일본군 문서.

(상)에서 '여성들의 전쟁 체험' 장을 보면 '위안소와 위안부'에 관한 내용이 나옵니다.

"성병 예방이라든가 사기 진작이 목적이라고 했지만, 실제는 군이 관리한 전문적인 매춘 시설이었다."

요미탄촌 내 위안소 설치와 관련된 사료로서 주둔했던 중대의 진중일지가 있습니다. 군인 구락부 설치를 위해 민가를 개조하라는 지시와 내부 개축 설계도도 있습니다.

『요미탄촌사』 편찬 담당자였던 고바시가와 기요히로(小橋川淸弘)는

우리는 가해자입니다

"지역 주민의 증언을 근거로 현장을 돌아다녀보니 이곳저곳에서 위안소와 위안부에 관한 증언이 나오더군요. 일본군이 관여한 것이 분명합니다"라고 술회했습니다.

말 그대로 '군수물자'

도대체 몇 명이나 되는 여성들이 자신의 의지와 관계없이 끌려갔을까요?

나하(那覇)시가 발행한 『나하 · 여성의 발자국』(1998)에는 배봉기를 비롯해서 50명의 조선인 여성을 실은 배가 나하 항에 들어온 것이 1944년 11월 초의 일이라며 다음과 같이 기록하고 있습니다.

"도카시키(渡嘉敷島)섬, 자마미(座間味)섬, 아카(阿嘉)섬 등에 각각 7명씩 20명이 나하의 위안소로, 나머지 10명은 다이토(大東)제도로 군수물자처럼 나뉘어 옮겨졌습니다", "한반도 출신 여성들은 약 1,000명정도 연행됐던 것으로 추정됩니다".

일본군은 오키나와에 몇 군데의 위안소를 만들었던 것으로 판명되었습니다.

여성사 연구 멤버 중 한 사람인 미야자키 하루미(宮崎晴美)는 "행동의 자유를 빼앗기고, 생리일도 상관없이 매일 수십 명이나 되는 군인들을 상대해야 했습니다. 성 노예의 삶이었지요"라고 고발합니다.

미야자키는 주민의 증언을 토대로 일본군이 작성한 내무 규정을 보더라도 그 실상이 명확하다고 강조합니다.

예를 들어, 산(山) 제3475부대의 '내무 규정·군인 구락부에 관한 규정'(구어 번역)을 살펴보겠습니다.

-방호 지구 내 군인 구락부는 지방 공무원이나 주민들이 일절 이용하지 못하도록 할 것.

-사용자(군인)는 반드시 콘돔을 사용해 성병을 예방할 것.

-업부(業婦, 위안부)는 사용자의 입장을 잘 이해해 어떤 사람이든 공평을 제일로 하여 … 세심한 주의를 기울일 것.

주민을 내쫓다

배봉기가 위안부로 생활했던 도카시키촌(渡嘉敷村)에는 당시의 일을 알고 있는 사람이 있었습니다. 전쟁 유적을 안내해 평화를 위한 증언 활동을 하는 요시카와 요시카츠(吉川嘉勝, 75)입니다.

위안소가 설치된 장소는 요시카와의 친척이 살던 집이었습니다. 군은 그 집에 살던 사람들을 내쫓고 7명의 조선인 여성들이 지내도록 했습니다. 그중 한 사람이 '아이코(アイコ)'라 불렸던 배봉기입니다.

군은 정보 누설을 우려해 마을 사람들과 여성들의 접촉을 금했습니다. 일상적으로 접촉하는 것은 그 집에 살던 요시카와의 친척들로 제한되었습니다.

여성들과 가장 친했던 요시카와의 종자매는 이제 자리보전을 하는 상황이라 당시의 일을 증언하기 힘듭니다. 그러나 종자매로부터 들었던 이야기에 따르면, 배봉기는 "휴일이면 표를 가지고 병사들이 몇 명

지금도 남아 있는 붉은 기와집에서 조선인 위안부의 기억을 요시카와 요시카츠에게 이야기하는 여성. 도카시키촌.

이나 찾아와 상대를 해야 했다. 생리일에도 쉽게 해주지 않아 괴로웠다"는 증언을 했다고 합니다.

당시 요시카와의 나이는 6세. 군인들에 의해 위안소가 된 집에서 키우던 돼지에게 먹이를 주는 일을 했습니다. "그건 구실이었지요. 그분들에게 고추를 드리면 별사탕을 주시곤 했으니까요. 한국 드라마를 보면 그분들 생각이 납니다."

위안소가 되었던 집은 붉은 기와지붕의 목조건물로, 지금은 아무도 살고 있지 않습니다. 아직도 남아 있는 붉은 기와집에 찾아가보았습니

위안소로 사용되었던 민가를 가리키는 요시카와 요시카츠.

다. 아무도 없는지 물으니, 할머니 한 분이 나오셔서는 의자에 앉아 요
시카와와 오키나와 방언으로 이야기를 했습니다. 한반도 출신 위안부
에 대해 알고 있는지 묻자, 할머니는 "아이짱, 미짱"이라며 당시 호칭
을 기억해냈습니다.

유린된 인권

오키나와에서 있었던 위안소와 위안부의 현실은 우리에게 무엇을
시사할까요?

요시카와는 이렇게 주장합니다.

우리는 가해자입니다

"강제로 위안부가 되었던 여성들은 원통한 나날 속에 심신의 깊은 고뇌로 신음하는, 그야말로 혹독한 생활을 하지 않았을까요? 오늘날 우리는 이러한 과거의 과오를 정면으로 직시해야 합니다. 전쟁을 체험해본 적 없는 정치가들은 히로시마·나가사키와 오키나와를 통해 그 어리석음을 깨우쳐야 해요."

앞서 언급한 요미탄촌의 고바시가와는 "연행에 강제성이 있었는지 여부는 중요하지 않습니다. 위안부가 되어 성 노예 노릇을 강요당했다는 사실은 엄연히 존재하니까요. 전쟁 당시 여성들의 인권이 유린되었다는 이야기입니다. 그러한 관점에서 위안부 문제 해결을 논의하지 않으면 의미가 없어요"라고 말했습니다.

또한 미야자키는 다음과 같이 말합니다.

"핵심은 성 노예로서 어떻게 여성들의 인권이 철저히 무시되었느냐는 것입니다. 위안소와 위안부 문제는 일본군이 관여했다는 사료가 진중일지에 명확하게 남아 있기 때문에, 앞으로도 검증을 진행하며 다음 세대에게 진실을 전하고 싶습니다."

2014년 10월 25일 자, 아베 가츠지(阿部活士)

3장

침략·학살·점령의 상흔
- 가해의 현장에서

1. 침략 전쟁의 진실
- 그때 일본은 무엇을 했나

올해는 일본이 일으킨 태평양전쟁의 패전(1945) 70주년. 곧 종전의
날(8월 15일)을 맞게 됩니다. 그 전쟁은 어떤 전쟁이었을까요? 한반도
에서 여자근로정신대로 일본에 강제 동원되었던 한국 여성과 중국 동
북부에 주둔했던 전 일본군 병사의 증언을 통해 살펴보았습니다.

폭행·욕설을 일삼으며 급료조차 주지 않다
- 14살 때 강제 동원된 한국의 근로정신대 피해자 양금덕

1929년 일본의 식민지 지배하에 한반도에서 태어난 양금덕(85)은
초등학교 6학년이던 1944년 6월, 여자근로정신대로 일본에 강제 동
원되었습니다.

우리는 가해자입니다

일본 정부와 기업은 전쟁 수행에 따른 노동력 부족을 채우기 위해 한반도와 중국의 남성을 일본으로 강제 연행해 왔습니다.

전쟁 말기에는 한반도에서 4,000명에 달했다고 전해지는 수많은 소녀들을 속여 일본의 군수공장에서 일하게 만들었습니다. 당시 14세이던 양 씨도 그중 한 사람이었습니다.

"정신대로 일본에서 일하면 돈도 많이 벌 수 있고, 여학교도 갈 수 있다."

초등학교의 일본인 교장과 헌병은 달콤한 말로 학생들을 속여 양 씨 등 10명을 지명했습니다. 나중에 부모들이 반대한다고 하자, 교장은 "네가 안 가면 경찰이 너희 부친을 잡아갈 것"이라고 으름장을 놓았습니다.

양금덕.

그렇게 끌려가게 된 곳은 미쓰비시중공업 나고야 항공기제작소의 도우도쿠(道德) 공장이었습니다. 삼엄한 감시하에서 거대한 비행기 부품에 도장 작업을 했습니다. 당시 페인트가 자주 눈에 들어갔던 탓에 지금도 눈이 아프다고 합니다.

가장 괴로웠던 것은 화장실에 가려고 줄을 서 있으면 나중에 온 일본인이 "조선인은 더러우니까 뒤로 가라"고 욕설을 퍼붓던 일이었습니다. 결국 참을 수 없어 오줌을 지리는 바람에 작업에 늦게 복귀하여 반장으로부터 따귀를 얻어맞기 일쑤였습니다.

1944년 12월, 도난카이(東南海) 지진에서는 고향 친구 6명을 잃었습니다. 한밤중에 공습이라도 있으면 공포에 휩싸여 필사적으로 달려야 했습니다.

양 씨는 일본이 패전을 맞은 뒤인 1945년 10월에 조선으로 돌아왔습니다. 급료는 받지 못한 상태였고, 한국 사회에서는 일본군 위안부로 오해받았습니다. 정신대였던 것을 숨긴 채 결혼했는데, 남편은 나중에 그 사실을 알게 되자 "더러운 여자"라며 욕설을 퍼부었습니다.

양씨는 "주변의 차가운 시선을 두려워하면서 살아왔다. 마음이 못에 찔린 것처럼 괴로웠다"며 목이 메었습니다.

나고야에서는 1986년부터 시민들에 의해 정신대 피해자를 찾는 활동이 시작되었습니다. 그 후 '나고야 미쓰비시·조선여자근로정신대 소송을 지원하는 모임'이 결성되었습니다. 공동 대표인 다카하시 마코토(高橋信, 72)는 말합니다.

우리는 가해자입니다

생산 증진과 전승을 기원하며 아쓰타신궁(熱田神宮)을 참배한 한반도 출신 여자근로정신대 소녀들('나고야 미쓰비시·조선여자근로정신대 소송을 지원하는 모임' 제공)

"정부와 미쓰비시중공업이 할머니들의 청춘과 인생을 빼앗고, 전후에 사죄도, 배상도 하지 않은 채 방치해왔다는 사실을 용서할 수 없다."(원문에도 한국어로 '할머니'라고 쓰여 있다 - 옮긴이)

양 씨는 1999년에 변호사와 시민의 지원을 받아 일본 정부와 미쓰비시중공업에 사죄와 배상을 요구하며 나고야지방재판소에 소송을 제기했지만 패소했습니다. 고등재판소도 한일청구권협정(1965)에 따라 "개인의 청구권은 재판을 통해 요구할 수 없다"면서 원고 7명의 청구를 기각했습니다(2007).

최고재판소의 상고 기각으로 패소가 확정되었지만(2008), 고등재판소 판결이 인정한 ▷ 정부와 기업의 강제 연행·강제 노동 사실 ▷ 정부와 기업의 불법행위 책임은 확정되었습니다.

양 씨는 "가장 괴롭고도 분한 것은 아베가 진실을 감추는 것"이라며 분노의 눈물을 흘립니다.

한국 대법원은 2012년 최초로 "청구권 협정으로 개인의 청구권은 소멸되지 않았다"는 판단을 내놓았습니다. 이를 받아들인 양 씨 등 5명은 한국에서 소송을 제기했고, 지방법원에 이어 올해(2015) 6월 고등법원에서도 승소했습니다.

"다카하시 씨와 그 동료들이 마치 자신의 친자매처럼 피해자를 찾아내주었다. 모든 것이 거기서 시작되었다. 진심으로 감사한다"는 양 씨. 그러나 미쓰비시중공업은 포기하지 않고 대법원에 상고했습니다.

죄 없는 농민을 사살하고, 마을을 불태웠다
- '삼광 작전'에 참가했던 전 일본군 병사 니시오 가츠미

"저는 양귀비를 심고 아편을 사들이는 데 몰두해서 현지 주민들에게 원망의 대상이 된 일본군이었습니다."

1943년 3월, 당시 23세였던 니시오 가츠미(西尾克己, 96)는 특무기관 요원으로 선발되어 국제조약이 금지하던 마약의 일종인 아편 제조에 종사했습니다.

일본은 국책으로 만주국의 농촌 지역에서 아편을 생산하게 하고, 도

102

시 지역에서 판매했습니다. 중국인들에게 아편을 공급하고 챙긴 수익을 점령지 지배를 위한 재정과 군사비로 돌린 것입니다.

원래 니시오는 18세에 '만몽 개척 청소년 의용군'에 참가해서 농민으로 살아가겠다며 중국으로 향했습니다. 하지만 그로부터 3년 뒤인 1941년에 현지에서 소집되어 만주 제2독립수비보병 제7대대에 배속되었습니다.

전선의 확대로 부대가 허베이성을 향해 남쪽으로 행군하던 중, 팔로군(八路軍, 중국 공산당군)에 대한 정보를 캐내려고 죄 없는 농민을 사살했습니다. 그리고 "농민이 아니라 팔로군의 앞잡이"라며 합리화했습니다. 농민으로 살고 싶었건만, 중국에서 가해 행위를 거듭하게 된 것입니다.

전쟁이 끝난 뒤 니시오는 시베리아에서 포로로 5년간, 중국에서 전범으로 6년간 억류되었다가 1956년에 일본으로 돌아왔습니다. 그때 그는 36세였습니다.

중국에서 전범으로 처벌받았던 이들로 구성된 '중국귀환자연락회'에 참가하여 가해 사실에 대한 증언을 계속해왔습니다. 그런데도 이야기할 수 없는 사실이 있습니다. "다 불태우고, 다 죽이고, 다 빼앗는다"는 구호 아래 자행되었던 일본군의 '삼광 작전'입니다. 후세에 남기려는 목적으로 그가 2004년에 작성한 기록을 살펴보겠습니다.

니시오는 1942년 3월 러허(熱河)성에서 팔로군이 마을에 숨겨둔 무기와 주민들의 식량을 약탈하는가 하면 농작물 재배까지 방해했습니다.

니시오 가츠미.

일본군의 명령 문서에 '방화'라는 단어는 등장하지 않지만, 병사들은 상관의 명령으로 마을을 닥치는 대로 불태우고 주민들의 애원조차 듣지 않았습니다. '인간으로서의 감각'이 사라졌던 것입니다.

팔로군과 현지 주민의 강한 유대 관계를 끊어버리기 위해 민중을 몰아낸 뒤, 거주도 경작도 인정하지 않는 무주 지대(無住地帶)로 만들었습니다. 니시오의 중대는 어떤 지역에 5번이나 침공하여 "지구 내에 거주하는 자는 사살하라"는 명령을 받은 적도 있었습니다.

타국민의 토지는 물론 생명까지 빼앗은 전쟁범죄로, 그 죄책감을 전쟁이 끝난 후에도 계속 짊어진 채로 살아왔습니다.

"정말로 잔혹한 짓이었습니다. 과거를 검증하고 올바른 역사관을 갖는 일은 전쟁을 멀리하도록 하지요. 가해 사실을 외면하면 안 될 것입니다."

우리는 가해자입니다

일본군의 음모로 시작되었다

일본군은 1931년에 모략으로 만주사변을 일으키고, 1932년에는 괴뢰국가인 만주국을 세웠습니다. 1937년에는 베이징 교외에서 중·일 두 나라의 군대가 충돌한 일(루거우차오사건)을 계기로 대규모 병력을 파병하여 중국에 대한 전면 전쟁을 개시했습니다.

전략 자원을 획득하기 위해 1941년 말레이반도, 하와이 진주만에 기습공격을 감행하면서, 전쟁의 불길은 아시아·태평양 전역으로 번졌습니다.

그렇게 일본군은 각지에서 학살·폭행·약탈을 반복하면서 아시아인 등 2천만 명 이상의 목숨을 빼앗았습니다.

2015년 8월 9일·16일 자 합본호 일요판, 모토요시 마키

2. 한반도 – 지금도 남아 있는 지배의 상흔

1) "내가 죽기를 기다리는가?"

일본 식민지 지배하(1910~1945)의 한반도에서 강제 연행 등의 피해를 입은 사람들이 전후 70년을 맞은 지금도 일본 정부에 대해 사죄와

배상을 요구하고 있습니다. 피해자들이 모두 고령인 까닭에 조기 해결을 촉구하는 목소리가 날로 거세지고 있습니다.

"해명되지 않은 부분도 많고, 이제 막 시작한 것이나 마찬가지입니다." 허광무(51)가 서울에 있는 정부기관 '대일 항쟁기 강제 동원 피해 조사 및 국외 강제 동원 희생자 등 지원 위원회' 사무국에서 말했습니다.

그 전신이 되는 조직은 2004년에 발족했는데, 이 위원회는 이듬해부터 일본에 의한 전시 강제 동원 피해 사례를 접수받아 꼼꼼하게 사실을 확인하고 인정하는 절차를 계속해왔습니다. 그렇게 인정받은 피해자의 수는 현재 58만 명에 달합니다.

일본은 1931년 만주사변 이후, 식민지 한반도에서 군인·군속, 노동자, 위안부 등으로 총 780만 명이나 되는 사람들을 자신들이 벌인 전쟁에 내몰았습니다. 한반도 밖으로 연행된 사람만도 120만 명을 넘습니다.

"계획적이었다"

허 씨는 일본의 식민통치하에 있던 당시 한반도에서 "한 사람의 업자나 민간인이 이렇게 많은 사람을 끌고 오는 일이 가능했을 리 없다"면서 "계획적, 정책적, 조직적, 집단적, 폭력적이었다고 생각합니다"라고 말합니다.

우리는 가해자입니다

강제 동원 중에서도 가장 수가 많았던 것은 노무 동원입니다. 일본의 정부와 기업은 전쟁 수행으로 부족해진 노동력을 보충하기 위해 한반도와 중국의 여성·남성을 강제로 연행해서 일본뿐 아니라 사할린(당시 남부는 일본의 식민지였다)에까지 파견했습니다.

현재 한국의 광주광역시에서 살고 있는 양금덕도 그중 하나입니다. 초등학교(국민학교) 6학년이던 1944년 6월, 여자근로정신대로 미쓰비시중공업 나고야 항공기제작소에 동원되었습니다.

"돈도 벌 수 있고, 학교도 갈 수 있다고 일본인 교장선생과 헌병이 말했다"며 양 씨는 술회합니다. 그는 전쟁이 끝난 뒤 급료도 받지 못한 채 귀국했습니다.

99엔의 수당뿐

1999년, 일본 정부와 미쓰비시중공업에 사죄와 배상을 요구하며 나고야지방재판소에 소송을 제기했습니다. 최고재판소에서는 패소했지만 정부와 기업이 강제 연행·강제 노동을 시켰다는 사실과 불법행위에 대한 책임은 확정되었습니다.

그런데도 사죄와 배상을 거부하는 일본 정부와 기업에 "내가 죽기를 기다리느냐"며 양 씨는 분노를 감추지 못합니다. 정부는 그에게 '후생연금 탈퇴 수당' 명목으로 고작 99엔을 지급했을 뿐입니다.

광주광역시에서 양 씨와 같은 피해자들을 지원하기 위해 '근로정신대 할머니와 함께하는 시민 모임'이 결성된 것은 2009년의 일이었습니다. 이 모임의 고문인 김희용(55)은 아직도 할머니의 말을 잊지 못합니다.

"시민 모임이 생기면서 평생 쌓인 울분의 반이 사라졌어. 이제 당당히 피해자라고 말할 수 있겠네."

2) '전범'으로 여겨져 사죄도 받지 못하다

일제 식민지 치하에서 많은 조선인들은 군인·군속으로 침략 전쟁에 동원되었습니다. 한국 정부에 따르면 그 수가 27만 명에 이릅니다.

"전범으로 죽어야 했던 동료들의 억울함을 풀어주고 싶습니다. 그것이 살아남은 우리의 책무예요."

23명에게 사형 집행

전쟁이 끝난 뒤, 한반도에서 온 148명의 사람들이 일본인 B·C급 전범으로 기소되었고, 그중 23명이 사형을 당했습니다. B·C급 전범으로 사형 판결까지 받았던 이학래(90, 도쿄도 니시도쿄 시 거주)는 지금도 일본 정부에 사죄와 배상을 요구하고 있습니다.

이 씨는 17세 때 육군 군속·포로수용소 감시원에 '응모'했는데, 표면상으로는 그러했지만 실제로는 각 행정구마다 할당이 내려온 강제 징용이었습니다.

1942~1943년에는 일본군이 미얀마에 보급로 확보를 위해 만든 타

우리는 가해자입니다

"동료들의 억울함을 풀어주고 싶다"는 이학래.

이멘(泰緬, 태국·미얀마)철도 건설 현장에 파견됩니다. 영국과 호주, 네덜란드 포로와 아시아인이 공사에 동원되었는데, 그 과정에서 수많은 희생자가 발생했습니다.

이 씨는 포로 관리 업무에 종사했습니다. 상관의 명령에 따라 철도대가 필요로 하는 인원을 준비할 수밖에 없었습니다. "몸 상태가 좋지 않은 포로들까지 파견할 수밖에 없었습니다. 식량도 의약품도 부족한, 가혹하기 짝이 없는 노동 환경 속에서 전염병 등으로 많은 포로들이 죽었지요." 파견 전, 2개월여의 군사 훈련을 받았지만 포로의 대우에 관한 제네바협약에 대해서는 전혀 배우지 못했습니다.

이 씨는 타이에서 종전을 맞았습니다. 하지만 해방의 기쁨도 잠시, 이내 B·C급 전범 재판에 회부됩니다. 포로 학대 혐의로 사형을 언도 받았지만, 1947년 징역 20년으로 감형을 받아 도쿄에 있는 스가모(巣鴨)구치소로 송환되었습니다.

"구치소에서 전쟁과 평화에 대해 공부하면서, 제가 무슨 일을 저지른 것인지 겨우 알게 되었습니다. 우리는 피해자인 동시에 가해자이기도 했어요."

야스쿠니신사에 묻힌 동료

1950년대 초반부터 한반도 출신 B·C급 전범이 석방되면서 이 씨도 1956년에 스가모구치소를 나왔습니다. 지급받은 것은 군복과 약간의 교통비여서, 한국에 돌아가지도 못하다가 독지가의 호의로 동료들과 택시 회사를 세워 필사적으로 살았습니다.

일본인 전범에게 지급되는 연금도 받을 수 없습니다. 1952년 샌프란시스코 강화조약이 발표되면서 조선인들은 자동적으로 일본인이 아니게 되었기 때문입니다.

현재 이 씨는 일본에서 생활하는 한국·조선인 전 B·C급 전범들이 생활권을 요구하며 1995년에 결성한 '동진회(同進会)'의 회장입니다. 회원들 중에 90세인 이 씨가 가장 젊습니다.

몇 년 전, 이 씨는 사형을 당한 동료가 야스쿠니신사에 합사되어 있다는 사실을 알게 되었습니다. "우리에게 어떤 사죄나 배상도 하지 않았으면서 야스쿠니신사에 합사시키다니, 경악스러웠습니다. 일본 정부의 태도가 너무 부조리하지 않습니까? 조선인 B·C급 전범 출신자들의 명예를 속히 회복시키고, 배상해야 할 것입니다."

3) 피해자가 생존해 있는데도

"전쟁은 절대 일어나면 안 돼요. 전쟁이 일어나면 모두가 죽음의 길로 접어들게 됩니다." 한국정신대문제대책협의회(정대협)이 운영하는 쉼터인 '평화의 우리 집'에서 지내는 위안부 피해자 김복동은 힘주어 말했습니다.

위안소를 전전하며

김 씨는 자신의 체험담을 들려주며 지금도 세계에서 되풀이되고 있는 전쟁과 그로 인한 인권 유린에 항의하며 행동하고 있습니다. "과거의 역사가 밝혀졌는데도 일본 정부는 책임을 회피하고 있어요. 정말 분합니다"라며 분노를 감추지 못합니다.

일본은 1930년대부터 1945년까지 중국을 비롯한 아시아·태평양 지역 곳곳에 위안소를 설치했습니다. 일본의 식민지였던 조선, 타이완의 소녀들은 강제적으로, 또는 거짓말에 속아 끌려와 성폭력에 시달렸습니다.

김 씨가 14살이던 당시 마을의 구역장과 반장이 일본인과 함께 찾아와 "딸을 군복 만드는 공장에 보내라. 거부하면 반역자다"라며 가족들을 위협했습니다. 하지만 정작 끌려간 곳은 중국 광둥(廣東)성에 있

서울시내에 있는 쉼터 '평화의 우리 집'에서
"전쟁은 안 된다"고 말하는 김복동.

던 위안소였습니다. 일본군의 성 노예가 되어 하루 15명의 군인들을
상대해야 했습니다. 주말에는 50명이 넘었습니다. 5년간 인도네시아
와 싱가포르 등을 전전했습니다.

스스로 위안부 피해자라는 사실을 밝힌 지 20년도 넘었습니다. 정
대협이 진행하는 주한 일본대사관 앞 수요집회에도 참가하고 있습니
다. 이 집회는 2015년 10월 7일, 1199회를 맞았습니다.

"우리가 대사관 앞에 앉아 있고 싶어서 앉아 있는 게 아닙니다. 마무
리를 짓기 위해서 이러는 거지요. 과거에 피해를 입은 사람이 살아 있
고, 증거도 이렇게 충분하고요. 무엇보다 현 정권에는 이 문제를 깔끔
히 청산해야 할 의무가 있지 않습니까"라며 호소했습니다.

일본군 위안부 문제가 수면 위로 떠오른 것은 1991년에 김학순이
처음 공론화한 후부터입니다. 같은 해 12월, 위안부 피해자 3명이 일
본 정부를 상대로 사죄와 배상을 요구하며 소송을 제기했습니다.

우리는 가해자입니다

일본은 해결을 서둘러야

일본 정부는 결국 피해자들과 국제 여론에 떠밀려 실태 조사에 착수했고, 1993년 고노 담화를 발표했습니다. ▷ 위안소와 위안부가 존재했다. ▷ 위안소의 설치, 관리 등에 군이 관여했다. ▷ 위안부가 되는 과정에 본인의 의사에 반하는 강제성이 있었다. ▷ 위안소에서 강제 사역이 이루어졌다. ▷ 모집, 이송, 관리 등은 본인들의 의사에 반해 진행된 강제성이 있었다. 담화는 이상의 5개 사실을 확인하고 "마음으로부터 사죄와 반성의 말씀을 올린다"고 표명했습니다.

김 씨는 "일본 정부는 하루빨리 해결에 나서야 합니다. 일본이 정말로 한국과 화합하기를 원한다면 이 문제에 진지한 자세로 임해야 할 것입니다"라고 주장합니다.

4) 다시는 같은 피해가 발생하지 않도록

한국 정부가 인정하는 일본군 위안부 피해자는 238명으로, 2015년에 이 중 8명이 타개하면서 생존자는 47명이 되었습니다. 평균 연령은 89.1세입니다.

김복동은 "우리는 나이가 많기 때문에 남은 시간이 별로 없습니다. 일본 정부가 적어도 우리가 살아 있는 동안 해결해주면 좋겠어요"라고 호소합니다.

일본은 비판의 대상

김 씨는 일본 정부에 사죄를 촉구하며 국제 여론을 고양시키기 위해 UN 인권이사회가 있는 스위스 제네바와 독일, 노르웨이, 프랑스, 미국 등을 돌아다니며 증언을 해왔습니다. "외국에 가면 일본 정부가 이 문제를 이미 해결했을 거라고 생각하는 분들이 많습니다. 그렇다 보니 이야기를 하면 다들 놀라면서 이대로는 안 된다고 많이 공감해주십니다."

지난 1998년에는 여성에 대한 조직적 강간, 성 노예, 강제 매음, 강제 임신, 강제 불임 등의 성폭력을 시효 없는 '인도에 대한 죄'로 자리매김하는 국제사법재판소의 규정이 채택되는 등, 여성의 국제적 인권 보장이 크나큰 발전을 이루고 있습니다. 이런 상황인 만큼, 위안부 문제에 대해 사죄도, 배상도 하지 않은 일본의 태도가 비판의 대상이 되는 것은 당연합니다.

김 씨는 "같은 아픔을 경험하는 여성이 다시는 생기지 않기를 바라는" 마음에서 자신의 체험을 이야기해왔습니다. 그 과정에서 성폭력을 당한 많은 여성들과 만날 수 있었다고 합니다.

"여성에 대한 성폭력은 전 세계적으로 벌어지며, 지금도 멈추지 않고 있습니다. 피해자들은 젊을 때는 생활이 가능할지 몰라도 나이를 먹으면 일자리도 없고 생계가 막막해진다고 호소하더군요. 그 모습을 보며 저와 같은 피해자를 도울 길이 없을까 하는 생각에 한국정신대문제대책협의회와 상담한 끝에 '나비 기금'을 만들게 되었습니다."

젊은 세대에게 맡긴다

'나비 기금'은 2012년에 설립되었습니다. 일본 정부가 배상 요구를 수용할 경우, 전액이 기금으로 돌려질 예정입니다. 그때까지는 기금에 찬동하는 시민들의 기부로 운영할 것입니다. 현재 콩고와 베트남의 피해 여성들에게 정기적으로 송금하고 있습니다. 기금에 찬동하는 사람들 중에는 초등학생부터 대학생에 이르는 '미래 세대'가 다수 포함되어 있습니다. 김 씨는 이런 젊은 세대에게 희망을 겁니다.

"전쟁은 절대로 일어나서는 안 됩니다. 일단 일어나면 저처럼 피해를 입는 사람들이 생기기 때문입니다. 전쟁이 없어야 걱정 없이 지내면서 배우고 성장할 수 있습니다. 무슨 일이 있더라도 전쟁만은 안 된다는 것을 학생들이 부디 알고 있었으면 합니다."

2015년 10월 10~12일 자, 구리하라 지즈루(栗原千鶴)

3. 중국 후난성, 일본군 학살의 현장을 찾아

1) 70년 넘게 이어진 상흔

중국 남부 후난성 난(南)현 창지아오젠(厰窖鎮)에서 1943년 5월, 중국을 침략한 일본군에 의한 학살 사건[1]이 일어났습니다. 중국 측의 조사에 따르면, 5월 9~11일의 불과 3일 사이에 민간인을 포함한 3만 명이상이 희생되었습니다. 사건의 현장을 찾아가보았습니다. 궈루핑(郭鹿萍, 89)의 왼쪽 눈언저리에는 푸른 반점이 있습니다. 72년 전, 일본군에게 얻어맞아 생긴 것입니다.

당시 궈 씨는 부친과 함께 자택에서 3킬로미터쯤 떨어진 곳에 있던 의사이자 지역의 명사인 이 씨의 집으로 피난했습니다. 50명 이상의 사람들이 모여 있었습니다.

1943년 5월 9일 오전 9시경, 13명의 일본군 병사들이 이 씨의 집에 들이닥쳤습니다. 병사들은 50명 넘는 사람들을 집 마당에 모이도록 했습니다.

개머리판에 얻어맞다

궈 씨는 방 침대 밑에 숨어 있다가 일본군이 집의 문을 걸어 잠그자 불을 지를지도 모른다는 공포에 사로잡혀 허둥지둥 뛰어나왔습니다. 이를 본 일본군에게 얼굴을 개머리판으로 얻어맞았습니다.

일본군은 남성과 여성을 구분하고 40명 넘는 남성들에게는 상의를

---

1   창지아오 학살 사건은 중국을 침략한 일본군이 1943년 5월 9~11일에 후난성 난현 창지아오젠에서 일으킨 학살 사건으로, 중국 측의 조사에 따르면 이 사건으로 남북 10킬로미터, 동서 5킬로미터(50평방킬로미터) 범위를 중심으로 3만 명 이상이 사망했다. 당시 일본군은 장강(양쯔강) 수로를 확보하기 위해 장난(江南) 섬멸 작전을 전개했는데, 후난성 남부에서 북부 사이에 주둔하던 국민당군을 섬멸하는 과정에서 민간인 또한 무차별 학살했던 것으로 보인다.

벗게 한 뒤, 십 수 명이 한 조를 이루게 하여 포승줄로 오른손을 연결했습니다. 귀 씨가 속해 있던 조는 15명으로, 일본군은 귀 씨 등을 사숙(私塾)으로 끌고 가 벽을 등지고 무릎을 꿇게 했습니다.

그리고 두 사람의 일본군이 총검을 들고 경계하는 한편, 다른 일본군 하나가 사람들을 차례차례 찌르기 시작했습니다. 네 사람 정도가 아무 저항도 못한 채 쓰러지자, 귀 씨는 눈을 질끈 감아버렸습니다. 귀 씨는 15번째였습니다. 그러다 배에 극심한 통증을 느끼며 정신을 잃었습니다.

해질 무렵 정신을 차려보니 주변이 피바다였습니다. 총검이 관통한 귀 씨의 배에서 많은 피가 쏟아져 나와 있었습니다. 왼쪽 가슴 주변에도 4군데나 칼에 찔린 상처가 있었습니다. 곁에 쓰러져 있던 남자는 배에서 창자가 튀어나왔는데도 아직 신음 소리를 내고 있었습니다. 하지만 귀 씨가 오른팔에 묶인 포승줄을 푸는 동안 이내 들리지 않게 되었습니다.

부친은 피살되다

일본군이 돌아올까 두려워 귀 씨는 30미터 정도 떨어진 잠두콩밭까지 기어갔습니다. 하지만 그곳에도 일본군 비행기의 기총소사 등에 희생된 시체들이 사방에 널려 있었습니다. 귀 씨는 2명의 시체 사이로 몸을 숨겼습니다.

몸을 움직일 수 없어서 잠두콩잎에 붙어 있던 물방울을 핥아 갈증을 풀며 꼬박 이틀을 보냈습니다.

이틀이 지난 11일 저녁, 주위를 지나가던 마을 사람이 궈 씨를 발견하고 이 씨의 집까지 옮겨주었습니다. 하지만 부친은 이미 일본군에게 살해당한 뒤였습니다.

이야기를 끝낸 궈 씨는 다음과 같이 호소했습니다. "밭에도 강에도 시체가 즐비하고 시뻘건 피로 물들어 있었습니다. 70년 이상이 지났는데도 그 광경이 떠올라요. 중국과 일본 사이에 다시는 전쟁이 일어나서는 안 됩니다."

2) 생존자가 전하는 공포

창지아오 학살 사건의 생존자는 현재 30여 명으로, 그중 대부분이 80세 이상입니다. 1월 5일, 생존자 중 한 사람인 쟝야오메이(江幺妹, 향년 96세)가 숨을 거두었습니다.

쟝 씨는 지난해 12월, 가족의 부축을 받으며 집 밖에 나와 마지막 힘을 다해 자신의 경험을 전했습니다.

일본군이 창지아오에 왔을 때 쟝 씨는 생후 1개월이 된 작은딸과 집에 있었습니다. 세 사람의 일본군은 쟝 씨를 발가벗겨 이웃집으로 끌고 갔습니다.

그들은 부엌에 이불을 깔더니 당시 15살 정도이던 그 집 소년에게 쟝 씨를 강간하라고 명령했습니다. 호통을 들은 소년은 얼떨결에 쟝

우리는 가해자입니다

씨를 덮쳤지만 공포로 떨어 아무것도 할 수 없었습니다. 화가 난 일본군은 나무 막대기를 장 씨의 하반신에 쑤셔 넣고 30분 이상 고통을 주었습니다. 결국 극심한 통증에 장 씨는 정신을 잃었고 이불은 피로 흥건해졌습니다.

지금도 후두부와 옆구리에 상흔이 남아 있는 런더바오(任德保, 88)도 자신의 체험을 이야기해주었습니다.

일본군이 집에 들어와서 총검으로 런 씨의 머리를 가격하고 옆구리를 찔렀습니다. 다음 날 출산 예정이던 모친은 거동조차 힘든 몸으로 침대에 누워 있었는데, 일본군이 총검에 2번이나 배를 찔려 태아와 함께 목숨을 잃었습니다.

태아 살해

일본군은 이에 멈추지 않고 모친의 배를 갈라 태아를 꺼낸 뒤 총검으로 찔러 높이 내걸었습니다. 주변에 있던 동료 일본군들이 웃으며 박수를 쳤습니다. 고등학교 교사였던 리보(李波, 75)는 1970년대에 총 20명의 생존자를 대상으로 청취 조사를 실시했습니다. 리 씨가 소개하는 참상의 일부를 소개하면 다음과 같습니다.

▷ 한 집에 수십 명의 사람들이 피난해 있었는데, 일본군이 와서 여성들을 강간하려 했습니다. 하지만 여성들이 저항하자 화가 난 일본군은 집에 불을 질러 십 수 명의 여성들을 태워 죽였습니다. 그리고 나머지 20여 명의 남성들은 몸을 묶은 채로 연못에 빠뜨려 모두 익사시켰

습니다.

▷ 왕훙쿠이(汪宏奎)는 사건 당시 60세가 넘어 귀가 거의 들리지 않았기 때문에 일본군이 뭔가 물어보아도 대답할 수가 없었습니다. 이에 화가 난 일본군은 왕 씨의 혀와 턱을 군도로 잘라 죽였습니다.

▷ 일본군은 눈이 나쁘던 샤오장칭(肖長清)을 잡아다 양손을 묶은 뒤 두 눈을 총검으로 도려내 죽였습니다.

아버지와 강으로 뛰어내리다

조사를 진행한 리 씨도 생존자의 한 사람으로, 아버지의 등에 업혀 도망치다가 같이 다리에서 강으로 떨어졌던 광경을 선명하게 기억하고 있습니다. 리 씨는 "일본군은 여성과 아이, 노인까지 무차별적으로 학살했다. 학살의 방식도 인간성을 상실한, 실로 악귀와도 같은 것이었다"고 지적합니다.

3) 움직일 수 없는 증거, '천인항'

1943년 5월에 일본군에 의한 학살 사건이 있었던 후난성 창지아오 젠에서는 이런 노래가 전해져 내려옵니다.

"댠안허(甸安河), 댠안허, 빼곡히 늘어선 시체, 5리(2.5킬로미터) 강물이 피바다를 이루어, 들개들이 다리도 없이 건너왔네."[2]

---

2 창지아오젠에 있는 강 이름.

강물이 피로 물들었다

창지아오젠 중심부에 있는 강변에는 '혈수하(血水河)'라는 비석이 서 있습니다. 지역 사람들이 일본군으로부터 도망가기 위해 수백 척의 작은 배를 띄우자, 수십 기의 일본군 비행기가 내습(來襲)하여 폭탄과 기총소사를 퍼부어 학살했습니다. 당시 학살 현장을 목격한 챤바이안(全伯安, 88)에 따르면 일본군의 학살은 5분 정도 이어졌고, 어느새 50미터 너비의 하천이 시체로 메워져 물이 온통 새빨갛게 되었다고 합니다.

중국 측 조사에 따르면 남북 10킬로미터·동서 5킬로미터(50평방킬로미터) 범위에서 3일간 이어진 학살로 인해 3만 명 이상이 희생되었

'혈수하 유적' 비석 옆에 서서, 학살로 사방이 피로 물들었던 당시의 광경을 설명하는 챤바이안.

고, 강간당한 여성만 2,000명에 이르며, 3,000개의 가옥과 2만 5,000척의 배가 불탔습니다. 희생자 가운데 창지아오젠에 거주하던 사람은 7,000명 이상, 후난성 등에서 온 피난민과 창지아에오젠 주변에서 도망쳐온 사람이 1만 8,000명 이상, 국민당군의 병사가 5,000명 이상이었다고 합니다.

창지아오젠에는 일본군에게 학살당한 중국인의 시체가 수백 구에서 1,000구 이상 묻혀 있는 '천인항(千人抗)'이라는 장소가 몇 군데나 있습니다. 일본군 병사들이 주민들을 연못과 강에 몰아넣어 학살했거나 생존자들이 희생자의 시체를 매장한 장소 등이 천인항이 되어 움직일 수 없는 증거로 남은 것입니다.

아직도 나오는 유해

그 가운데 한 곳인 '영고완천인항(永固坑千人抗)'에서는 1984년 발굴조사에서 30평방미터 넓이에 들어차 있던 대량의 유해가 발견되었습니다. 조사를 진행하던 사람들은 유해를 다시 묻은 뒤 그 자리에 대나무를 심었지만, 지금도 흙 위로 두개골 등 유해의 일부가 드러나고 있습니다.

지역 정부는 이 장소를 기념관으로 결정하여 본격적인 작업을 진행하고 있는데, 지난해 12월 취재진이 현지를 방문했을 당시에는 7명의 조사원이 밭의 흙에 긴 막대기를 찔러 넣어 희생자들의 유해를 찾고 있었습니다.

우리는 가해자입니다

학살 사건의 생존자인 찬바이안은 다음과 같이 강조합니다. "1931년 류탸오후사건으로 시작한 일본의 침략으로 인해 얼마나 많은 중국인이 희생되었는가. 학살의 증거도 존재하며, 생존자도 존재한다. 일본 정부가 이와 같은 침략 사실을 인식하고 반성하기를 바란다. 또한 중·일 양국 국민이 다시는 전쟁이 일어나지 않도록 평화를 추구하며 교류를 이어갔으면 한다."

2015년 2월 1~3일 자, 고바야시 다쿠야(小林拓也)

4. 강제 노동의 실태
─주민 20만 명 강제 동원, 중국 둥닝 요새 유적

중국을 침략하고 1932년에 괴뢰국가 만주국을 세운 일본군은 소련(지금의 러시아)과의 전쟁에 대비해 중국인들을 강제 노동에 동원하여 국경을 따라 17개의 요새를 쌓았습니다. 그 규모가 아시아 최대라고 하는 둥닝(東寧) 요새 유적이 있는 헤이룽장성 둥닝현을 찾아가보았습니다. 그곳에서는 어떤 일이 벌어졌을까요?

70군데의 마을을 파괴하다

러시아와 국경을 접한 산간 지역 소도시 둥닝현은 당시 소련군의 중요한 군항이었던 블라디보스토크에서 약 150킬로미터 떨어져 있습니다.

일본군은 대 소련 전쟁을 염두에 두고 1932년에 만주국을 건국하고, 1934년 5월에는 국경 요새 건설 명령을 내립니다.

둥닝 요새 건설 공사는 그로부터 한 달 뒤부터 시작되었고, 1937년 말 주요 부분이 완성되었습니다.

중국 측의 연구에 따르면, 일본군은 둥닝 요새와 그 주변 비행장, 철도, 도로 건설 공사 등에 17~20만 명의 중국인을 강제 동원했습니다.

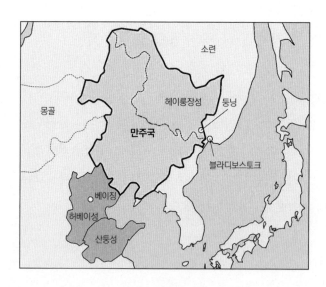

우리는 가해자입니다

요새 부근에 살던 주민들을 내쫓고, 가옥을 불태워 '무인 구역'으로 만들었습니다. 현 전체에서 70여 군데의 마을이 파괴되었습니다.(『중공(中共) 둥닝현 지방사』)

남북 110킬로미터, 동서 50킬로미터 면적의 둥닝 요새에는 한때 20개 이상의 진지가 구축되었지만, 현재 내부에서 둘러볼 수 있는 것은 순산(勳山) 진지뿐입니다. 가파른 돌계단을 올라가면 산중턱에 암반을 파서 만든 요새의 입구가 있습니다.

안으로 들어가니 공기가 서늘합니다. 통로는 어른이 서로 스쳐 지나갈 수 있을 정도의 너비이며, 양쪽으로 탄약고, 발전실, 통신실, 작전 지휘실, 거실, 취사장 등의 유적이 있습니다. 벽은 콘크리트로 되어 있습니다.

세균, 독가스도 발견되다

산꼭대기에는 몇 군데의 포대와 참호 유적이 남아 있습니다. 강제 노동을 하던 중국인들의 숙소도 복원되었습니다. 숙소 옆에는 높이 2미터 정도의 벽으로 둘러싸인 장소가 있었습니다.

둥닝현 문물관리소 송지푸(宋吉富) 소장은 "여기서 군견을 길렀는데 병으로 몸이 약해진 중국인 노동자를 먹이로 던져주었다"고 증언했습니다.

강제 노동에 동원된 사람들 중 대다수가 만주국과 허베이성, 산둥성 등에서 강제 연행된 중국인들과 팔로군 포로였습니다. 영양실조와 가

훈산 정상 가까이에서 남쪽을 바라보면, 아래쪽으로 둥닝현 요새 박물관이 보인다. 왼쪽 멀리로 보이는 철탑 주변이 일본군 주둔지인 가치도키산.

혹한 노동으로 많은 중국인들이 목숨을 잃었습니다.

송 소장에 따르면 "주민과 구별하기 위해, 강제 노동에 동원된 노동자들의 한쪽 눈썹을 깎아버렸다는 증언도 있다"고 합니다.

전후에 중국에서 발견된 일본군 문서에 따르면, 이 요새에서 1943년 9월 포로 43명이 폭동을 일으켰습니다. 그중 31명은 소련으로 도망칠 수 있었지만, 2명은 목숨을 잃었습니다. 붙잡힌 10명도 다리를 톱으로 잘려 죽임을 당했습니다.

둥닝 요새에서는 일본군의 세균탄과 독가스도 발견되었습니다.

둥닝현 요새 박물관의 송디안바오(宋殿宝) 관장은 말합니다.

우리는 가해자입니다

"전쟁은 희생자만 낳을 뿐이지요. 요새 유적에서 과거의 비참한 역사를 배워서 교훈으로 삼았으면 해요."

영하 30도의 추위에 식사는 잡곡으로 만든 죽뿐 /
묘비도 없이 매장된 희생자들

둥닝현 중심가에서 약 10킬로미터 떨어져 있는 마을에서 옥수수밭 사이로 난 농로를 차로 달린 후 내려서 좀 걷다 보면 높직한 언덕이 펼쳐집니다. 이것은 강제 노동에 동원된 중국인들의 시신을 매장된 '노공분(勞工墳)'으로, 그나마 발견된 몇 개 안 되는 것들 중 하나입니다.

노공분에서는 1990년대부터 3번의 발굴 조사가 이루어졌습니다. 약 2만 평방미터 넓이의 장소에서 1,000개 이상의 성토(盛土)가 발견되었고, 그곳에 4,000구 이상의 시신이 매장되어 있었다고 합니다.

조사 과정에서 정강이 아래가 절단된 유골도 4구나 발굴되었습니다. 일본군 점령 이전부터 둥닝에 살았으며 한때 일본군 창고 등에서 하역 작업을 했던 류잉카이(劉永才, 88)는 알츠하이머병으로 지금은 증언이 불가능하지만, 예전에 현지 연구자의 청취 조사에서 "노공분으로 시신을 옮긴 적이 있다"고 말했습니다. 1999년《아카하타신문》의 취재로 밝혀진 바에 따르면 식사는 조 등 잡곡으로 만든 죽뿐이었다고 합니다. 결국 영하 30도를 밑도는 혹한 속에서 강제로 끌려왔던 600~700명의 중국인 노동자들 가운데 3~4할 정도가 목숨을 잃었다는 증언이 있었습니다.

작전지휘실로 쓰이던 장소. 요새는 극비리에 지어진 까닭에, 내부 건축에 관여했던 중국인 중 생존자는 거의 없다고 한다.

노공분에는 묘비가 없습니다. 성토도 70년간 비바람에 깎이고 초목이 우거져 옛 모습을 찾아보기 어려울 정도입니다. 노공분 근처에는 누마다 다카조(沼田 多稼蔵) 육군 중장이 죽은 애마를 위해 세운 '마혼비(馬魂碑)'가 있습니다. 중국인들의 사후에도 존엄을 짓밟은 일본군은 실로 중국인들을 '말 이하'로 취급했던 것입니다.

40군데나 설치된 위안소

일본군은 1933년 1월 둥닝을 점령하여, 많을 때는 13만 명의 일본군이 주둔했습니다. 그리고 점령 기간 동안 일본군 위안소가 설치되었

우리는 가해자입니다

습니다.

중국 측 조사에 따르면 둥닝에만 40군데 가까이 위안소가 설치되었으며, 약 1,000명의 위안부가 있었다고 합니다. 무력으로 위협당하거나 속아서 끌려와 일본군의 성 노예가 된 한반도, 중국, 일본의 여성들이었습니다.

한반도 출신인 리펑윈(李鳳雲, 93)은 현재 알츠하이머병으로 증언이 불가능합니다. 하지만 둥닝현 요새 박물관의 자료에 따르면, 이 무렵 이 씨는 모친의 병환으로 생계가 어려웠다고 합니다. 그래서 일자리를 주선하겠다는 말에 속아 위안부가 되었던 것입니다. 많을 때는 하루 20명 넘는 일본군을 상대해야 했기 때문에 리 씨는 결국 아이를 낳을 수 없게 되었습니다.

친척들에 따르면, 전쟁이 끝난 뒤 결혼한 리 씨는 남편의 폭행에 시달렸습니다. 주변 사람들은 이혼을 권했지만 "나는 수많은 사람을 거치며 더럽혀진 몸"이라는 대답이 돌아올 뿐이었습니다. 중국의 연구자에게 성폭력에 대한 증언을 하던 당시에는 며칠이나 고통에 시달리며 악몽을 꾸다 비명을 지르며 깨기도 했다고 합니다.

2015년 12월 13일 자, 모토요시 마키

5. 생생한 학살 기록, 상등병의 일지
– 유족이 공개하다

전후 70년을 맞은 2015년 여름, 중일전쟁에 종군했던 한 병사의 일지가 전장의 기억을 다음 세대에게 전하려는 취지에서 유족으로부터 전해졌습니다. 담갈색으로 변색된 페이지에는 병사가 촬영한 포로 학살의 연속 사진을 비롯해, 민간인 살해, 민가를 대상으로 한 방화, 약탈 등의 기록이 남아 있었습니다. 중일전쟁에 정통한 가사하라 도쿠시 쓰루문과대학 명예교수도 "귀중한 자료"라고 강조했습니다.

정의감 강하던 아버지도 결국 가해자

일지는 난징 점령에서 중심적 역할을 담당했던 육군 제16사단 보병 제9연대의 고바야시 다로(小林太郎) 상등병(1972년, 향년 61세)이 남긴 것이다. 전체 분량은 부대로 중국 파견 명령이 내려온 1937년 8월부터 2년 뒤 귀국할 때의 기록까지 모두 합쳐 약 200쪽에 달합니다.

고바야시의 차녀 노자키 요시코(野崎嘉子, 69, 효고 현)가 《아카하타신문》에 이 일지를 제공했습니다. "가족으로서는 가해 사실을 숨기고 싶다는 생각이 드는 것이 인지상정이겠지요. 그러나 침묵하고만 있으면 존재하지 않았던 일이 되어버리잖아요. 괴롭더라도 진실을 말하고 싶다고 생각했습니다."

고바야시는 "무척 꼼꼼하고 빈틈없는 성격"(노자키)으로, 사진과 일기

우리는 가해자입니다

고바야시 다로 상등병(당시)

장 등을 전장에서 가져와 귀국 후 한 권의 자료로 정리해놓았습니다.

난징 점령(1937년 12월)까지의 행군과 일본 육군 최대 규모 작전인 '쉬저우 작전'[3]의 경로(1938년 5월)를 기록한 일지입니다. "병사는 칼로 머리를 벤다. 토민(土民)은 총살" 등의 기술이 남아 있습니다.

여기서 '토민'이란 민간인을 가리키고, 병사의 살해는 전투 등으로 포로가 된 중국군을 상대로 저지른 일입니다. 민간인과 포로의 살해는 당시의 전시국제법[4]으로도 금지되어 있었습니다.

일지의 기술만 봐도 살해당한 민간인이 15명입니다. 난징으로 향

---

3   1938년 4~6월에 걸쳐 장쑤(江蘇)성 (쉬저우) 주변의 중국군을 포위·섬멸하려는 목적으로 벌인 일련의 전투.
4   1907년의 헤이그육전조약(Hague Regulation land warfare), 1929년 제네바조약.

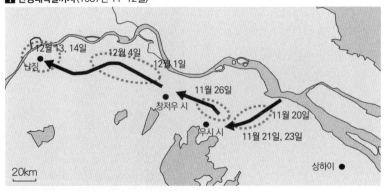

1 난징대학살까지 (1937년 11~12월)

12월 13, 14일
남징
12월 4일
12월 1일
11월 26일
창저우 시
우시 시
11월 20일
11월 21일, 23일
상하이 ●
20km

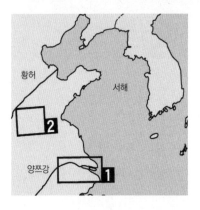

황허
서해
2
양쯔강
1

2 쉬저우 작전 (1938년 5월)

지닝 시
5월 9일
진샹현
5월 17일
5월 18일
핑현
상추 시
5월 27일
쉬저우 시
20km

하던 도중인 1937년 11월 20일, 중국군을 위해 밥을 짓던 지역 주민 13명을 총살했고, 그 밖에도 사역 중에 통조림과 담배를 '훔쳤다'는 이유로 '사형'시켰다는 기록이 있습니다(12월 22일). 마을 사람들 중 누군가가 총을 숨겨두었다면서 대표로 '처형'(1938년 4월 10일)을 자행한 적도 있었습니다.

우리는 가해자입니다

전투 이외에도 포로나 패잔병 등의 신분으로 살해된 중국군은 59명이고, 그 가운데 적어도 31명은 무장 해제 상태로 저항이 불가능했다는 사실을 기술을 통해 알 수 있습니다.

쉬저우 작전이 한창이던 1938년 5월 27일에는 현재의 허난(河南)성 상추 시 부근에서 총도 가지고 있지 않은 취사병이었던 포로를 살해하고 3장의 연속 사진을 남겼습니다.

① 뒤로 손을 포박당한 남성 ② 총검에 찔려 가슴에서 피를 흘리는 모습 ③ 총탄에 부서진 미간에서 뇌수가 흘러내리는 모습.

이런 잔학한 사진은 본래 검열당하기 때문에 일본에 가지고 들어올 수 없었습니다. "반합 뚜껑 뒤에 밥풀로 붙여 몰래 가지고 왔다고 아버지로부터 들었습니다."(노자키)

포로 살해 관련 일지에는 제16사단의 나카지마 게사고 사단장이 "돼지 같은 놈들은 주저 없이 죽여도 된다"고 촉구했던 내용 또한 적혀 있습니다(5월 9일). 나카지마 사단장은 이미 난징 점령 당시 자신의 일기에서도 "포로를 잡지 않는 방침을 정하면 거추장스러운 일을 미연에 방지할 수 있을 것"(1937년 12월 13일)이라는 견해를 언급한 바 있습니다.

노자키는 고등학생 시절에 처음 일지를 읽었을 때, 기록되어 있는 가해의 참상을 접하고 큰 충격을 받았습니다. 가족의 입장에서 볼 때는 늘 성실하고 정의감이 강했던 아버지였기에 더욱 무서웠고, 전쟁의 끔찍함 또한 통감할 수 있었다고 합니다.

"아베 총리는 중일전쟁이 침략이었음을 인정하지 않으려고 하지만,

아버지의 일지를 보면 애초부터 침략이었다는 것을 알 수 있습니다. 아버지를 대신해 희생자 유족에게 사과한다고 바뀔 것은 없겠지만, 스스로 가해를 저질렀다는 진실과 마주할 수는 있겠지요. 이 일지가 평화를 위해 작게나마 보탬이 되었으면 합니다."

〈고바야시 상등병의 일지〉

10월 08일 오늘. 우안에서 생포한 패잔병 2명을 총검으로 사살.

11월 20일 토치카에서 중국군을 끌어냄. 한 군데당 3명씩, 그 외 지휘관 1명 포함 도합 16명. 토민(취사를 하고 있던) 남성 13명, 여성 7명, 총 20명. 군인은 칼로 머리를 베고 토민은 총살, 여성은 놓아줌.

11월 21일 이름 없는 부락으로 쳐들어가 패잔병 5명 사살.

11월 23일 6시 반, 적진지 왼쪽 공격. 5명의 패잔병 사살.

11월 26일 부상자들을 이송하던 적의 선단을 발견 장교 등 5명 생포, 취조를 진행했으나 아무것도 말하지 않아 사살.

12월 01일 철로를 따라 서쪽으로 전진하던 도중, 부락에서 패잔병 15명 사살.

12월 03일 철로 위로 후퇴하던 척후병들을 발견, 장교 2명, 병 2명 … 내일 아침 사살하기로 하고 취침.

12월 04일 오전 7시 출발. 출발 직전에 어제 생포한 4명 사살, 장교 1명은 "중국군 만세"를 외치며 사살되었다.

12월 13일 오후 2시 반, 중산면을 통해 난징 입성. 청소를 진행한 뒤 숙소로 들어감.

우리는 가해자입니다

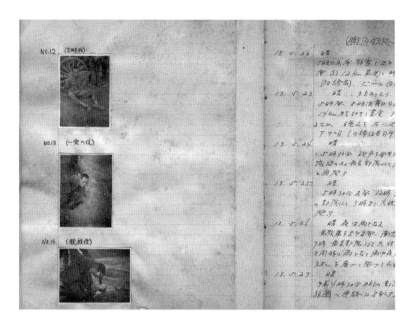

일지의 일부. 왼쪽 페이지가 포로 살해를 기록한 연속 사진으로, '중국인 병사', '일격 직후', '총살 이후'. 1938년 5월 27일, 현재의 허난성 상추 시 부근에서 고바야시 다로 상등병이 촬영.

12월 14일 오전 9시부터 대대의 예비대로 시내 북부에서 청소를 진행.

12월 22일 일본어를 잘하는 중국인이 인부 3명을 데리고 시중을 들러 옴. 그중
　　　　손버릇이 나쁜 젊은 인부가 보급품인 통조림과 연초를 훔쳐 야간에
　　　　사형시킴.

12월 26일 징발을 하러 부근의 큰 집에 감. 사역을 하고 있던 중국인들이 방 안
　　　　에 무엇이 있는지를 잘 알고 있어서 여러 가지 좋은 물품들을 징발.

04월 10일 니(你, 일본군이 중국인에 대해 사용하던 멸칭)가 총을 숨겨두었다는 정보

를 입수, 마을 사람 전원을 북문 밖에 모아놓고 한 사람씩 심문. 결국 숙소 근처에 있는 고량주 통 속에서 총이 발견되었지만 아무도 모른다고 함. 마을 사람들 가운데 한 사람의 용사가 나와 스스로 희생하기로 하고 포병 장교가 사형 집행. 마을 사람들 모두 희생자를 보며 눈물을 흘리고 통곡.

05월 09일 7시 출발. 대대의 주력 병력이 준비를 갖춰 오고 있다는 전령을 받고 후퇴. 도중에 사단 사령부와 합류. 나카지마 사단장 각하 "돼지 같은 놈들은 주저 없이 죽여도 된다"며 웃으심.

05월 17일 요 전날 들렀던 부락에서 돌연 불이 나 고량주가 있던 집 지붕이 탁탁 소리를 내며 타들어가기 시작. 뒤에 알아본 바에 따르면 한 소대가 큰 손해를 입었다는 것을 파악하고, 왼편 일선에 있던 3개 소대가 후방에서 부락에 대한 화공(火攻)을 시작한 것.

05월 18일 예장(葉庄) 쪽으로 마지막 진입 강행. 그러나 중국군은 호에 처박혀 나오지 않음. 호의 위로부터 전격전 … 전원 사살한 뒤 얼굴을 보면 대부분 17·18세 정도의 어린 소년병들 … 다 합쳐 약 30구가량의 시체가 나옴. 뒤이어 불타 허물어진 가옥을 소토(掃討)해보니 많은 부상자들이 타 죽어 있었다.

05월 27일 오랜만에 패잔병 사형 집행. 사진 촬영. 오늘의 패잔병은 취사병 인식표를 가지고 있는 자로 솥을 매고 무기 없이 허리에 수류탄을 한 사람당 2개씩 차고 있었음. 청룡도를 가진 장교처럼 보이는 한 사람, 여군 2명 … 함께 사살.

※ 원본에 기술되어 있는 내용을 원칙으로 기술했고, 일부는 구두점을 보완했으며, 생략한 부분은 '…'로 표기했다.

◎ 학살을 거듭했던 사실이 담담하게

– 쓰루문과대학 명예교수 가사하라 도쿠시

일지를 남긴 고바야시 상등병은 민간인과 포로를 살해하고 약탈했던 것에 대해 담담히 기술하고 있습니다. 이처럼 잔학 행위에 대해 당연하다고 생각하던 것이 당시 일본의 '보통 병사'였습니다. 난징으로 향하던 도중의 기술을 보더라도 전시국제법도 모른 채 학살을 반복했던 상황을 잘 알 수 있습니다.

포로를 살해하는 사진도 있습니다. 언제, 어디서, 누가 촬영했는지 확인할 수 있고, 살해한 사람도 적혀 있습니다. 학살 사진은 무척 많이 있지만. 이렇게 제대로 정리되어 있는 경우는 무척 드뭅니다.

고바야시 상등병이 속해 있던 제16사단의 나카지마 게사고 사단장은 포로는 사살한다는 방침을 가지고 있었습니다. 일지에 나오는 "돼지 같은 놈들은 주저 없이 죽어도 된다"는 사단장의 말이 이를 뒷받침합니다. 이러한 행위들이 모여 난징대학살로 이어진 것입니다. 난징 점령 당시 기록을 보면 "청소"라는 단어가 등장하는데, 이는 헌병의 검열을 고려한 것으로 보입니다.

난징대학살[5]에 대해서는 이미 많은 증언이 있고, 역사학적으로도 확정된 사실입니다. 제1차 아베 내각이 중국에 제안하면서 이루어진

'중·일 역사 공동 연구'의 보고서에서도 인정했으며, 필자도 현지를 방문해서 많은 시민들의 증언을 들었습니다. 난징 성내에서 '소토'가 이루어지던 과정에서 일본군은 아무 집에나 닥치는 대로 쳐들어가 남아 있던 남성들을 생포하여 '변의병(便衣兵, 게릴라)'이라며 살해했습니다. 지금도 '학살은 없었다'는 보도가 등장하고 있지만, 그렇다고 해서 사실이 달라지는 것은 아닙니다.

중일전쟁 당시 가장 많을 때는 100만 명 가까운 일본군이 중국 각지에 주둔했습니다. 병사들이 각지에서 어떻게 행동하고 얼마만큼의 희생을 초래했는지, 상대방의 입장에서 제대로 상상하고 이해하는 것이 중요합니다.

2015년 10월 4일 자 일요판, 혼다 유스케(本田祐典)

---

5   1937년 12월 상순부터 이듬해 2월까지에 걸쳐 난징을 점령한 일본군이 포로·주민의 다수를 살해하고, 약탈, 방화, 강간 등을 반복했던 사건. 희생자 수는 제2차 세계대전 이후 이루어진 도쿄재판 판결에서 20만 이상인 것으로 언급되었지만, 일본의 연구자들은 남아 있는 자료와 증언을 토대로 희생자가 적게는 4만 명에서 수십만 명에 이를 것으로 추정하고 있다. 일본 정부도 공식 견해를 통해 "수많은 비전투원들에 대한 살해·약탈 행위가 있었다는 것은 부정할 수 없다"(외무성)고 인정하고 있다.

         우리는 가해자입니다

6. 구 일본군의 독가스 무기
-중국에서 사용하고 유기하다

제2차 세계대전에서 일본군은 독가스 무기를 대량으로 제조하여 주로 중국에서의 침략 전쟁에 사용했습니다. 패전 당시 70만 발이라는 독가스탄이 중국 각지에서 폐기되어, 지금도 사람들에게 피해를 주고 있습니다. 국제조약으로 사용을 금지하고 있던 일본의 독가스 제조에 관한 증언, 전쟁에서의 사용, 유기된 화학무기로 인해 발생하는 문제 등에 대해 살펴보겠습니다.

1) 나는 악귀가 되었다
- 전 양성공(養成工) 후지모토 야스마

"저는 그 섬에서 독가스를 만들었습니다. 그러다가 저와 동료들 같은 양성공은 모두 장애인이 되었지요. 하지만 저는 피해자가 아닙니다. 독가스를 만든 가해자예요. 그 책임은 영원히 안고 가야만 합니다."

떨리는 목소리로 이야기하던 후지모토 야스마(藤本安馬, 89, 히로시마 현 미하라 시 거주). 겉보기에는 정정해 보이지만 가래가 멈추지 않아 소화기에까지 장애가 발생한 상태이며, 13년 전에는 암으로 위와 십이지장을 적출했습니다.

'그 섬'이란 세토(瀨戸) 내해의 오쿠노지마(大久野島)⁶입니다. JR 구레

(呉)선 다다노우미(忠海) 역 근처 앞바다에 있는 주위 4킬로미터의 섬입니다. 현재는 700마리의 토끼가 섬 전체에 방목되고 있어 가을이 되면 휴일마다 1,000명 넘는 사람들이 찾아오는 푸르른 '토끼들의 섬'입니다.

죽음의 이슬

후지모토는 말합니다.

"1941년 4월 1일, 저는 15살 6개월의 나이로 기능자 양성소에 입소해서 독가스를 만드는 공부를 했습니다. 섬에 상륙하자마자 뭐라 말하기 힘든 이상한 냄새가 나더군요." 집이 가난했기 때문에 "돈을 받으면서 공부할 수 있다"는 꾐에 넘어가, 기숙사에서 생활하며 섬을 오갔습니다.

제조소의 정식 명칭은 '도쿄 제2육군 조병창(造兵廠) 다다노우미 제작소'였습니다. 섬은 지도에서 지워져 있었고, 섬에서 보고 들은 것을 가족들에게조차 말하면 안 되는 엄격한 정보 통제가 이뤄졌습니다.

후지모토 등이 만들었던 것은 미란성(糜爛性) 독가스인 루이사이트(lewisite)였습니다. 맹독성 비소가 포함되어 있어, 한번 피부에 닿으면 커다란 수포가 생기고 화상을 입은 것처럼 짓무르는 까닭에 '죽음의 이슬'이라고도 불리는 치사율이 높은 독가스였습니다. 담황색을 띠며 '키(きい) 2호'라는 암호명으로 불렸습니다.

---

6   히로시마현 다케하라(竹原) 시.

우리는 가해자입니다

지금도 남아 있는 거대한 독가스 저장 탱크 유적. 높이 11미터로 6기가 있는데 1기당 100톤의 독가스액을 저장했다. "이 땅 아래는 아직도 독으로 오염돼 있습니다."(독가스섬역사연구소의 야마우치 마사유키(山內正之))
히로시마현 다케하라 시의 오쿠노지마

다른 작업실에서도 미란성 독가스인 이페리트(yperite, 키 1호, 액체), 구토성 시아노디페닐아르신(cyandiphenylarsin)[7], 혈액, 중추신경에 작용하는 청산[8], 최루성인 클로로아세토페논(chloroacetophenone)[9] 등을 만들었습니다.

---

7   아카(あか) 1호, 평소에는 고체 상태이나 가열하면 가스화함.

8   차(ちゃ) 1호, 액체.

9   미도리(みどり) 1호, 분말 결정.

미군이 남긴 문서에 따르면 섬에서는 일본이 패전할 때까지 6,616톤의 독가스가 만들어졌습니다.

후지모토의 입에서 루이사이트와 그 원료인 삼염화비소, 농황산(농도 90퍼센트 이상인 황산), 아세틸렌가스 등의 화학식이 정확하게 흘러나왔습니다.

"중국에 대한 침략 전쟁에서 일본이 승리할 수 있도록 독가스를 제조하는 공부를 하는 거니까, 그런 관점을 가진 이들의 입장에서 보자면 소위 영웅이었지요. 교육은 인간이 살아가기 위해 받는 것이건만, 그 교육을 받으면 악귀가 되어버리고 맙니다. 저는 악귀가 되었던 거예요."

더욱 잔학하게

독가스는 오쿠노지마에서 후쿠오카현의 육군 소네(曽根) 제조소로 옮겨진 뒤, 탄약과 투하용 폭탄에 탑재되어 아시아 각지에 주둔하던 일본군들에게 전해졌습니다.

일본군은 1937년 루거우차오사건 이후, 중국에 대한 침략 전쟁을 전국적으로 확대하면서 독가스 사용 또한 늘려갔습니다. 내용적으로도 구토성 '아카' 시리즈를 중심으로 사용하다가 치사성이 높은 '키' 시리즈(이페리트·루이사이트)로 강도를 높여갔습니다. 이러한 사실은 양쯔강 유역 이창(宜昌) 지역을 놓고 공방전이 벌어진 1941년 10월, 국민당 군대에게 쫓기던 일본군이 2,500발의 독가스를 사용했다는 사실

우리는 가해자입니다

을 연합국이 알게 되면서 국제사회에 알려지게 되었습니다. 허베이 지방에서 팔로군의 게릴라전으로 애를 먹던 일본군이 그 근거지로 추정되는 마을에 살독(撒毒, 삶의 터전과 음식 등에 독가스 액을 살포)하거나 밀폐된 지하도에 숨어 있던 민병·주민 등에게 가스통을 사용했던 일 등은 그 잔학성을 보여주고 있습니다.

2) 사죄의 뜻을 담아 그림책 기증
- 전 동원 학생 오카다 레이코

나도 가해자였다

섬에서의 체험을 가해에 대한 사죄의 마음을 담아 그림책으로 만들어 중국의 전쟁기념관, 학교, 병원 등에 기증한 사람이 있습니다. 당시 동원된 학생이었던 오카다 레이코(岡田黎子, 86, 미하라 시 거주)입니다.

"저도 독가스 때문에 장애를 갖게 되었습니다. 섬을 드나들던 사람들은 모두 만성기관지염에 걸렸습니다. 학제 변경 이전에 중학교에 재학하던 시절, 한 학년 아래 남학생은 전쟁 말기에 독가스 공장 건물 철거 작업에 동원되기도 했지요. 아무것도 몰랐던 탓에 마스크도 하지 않고 독성 물질이 포함되어 있던 분진을 들이마셨다가 결국 폐암으로 목숨을 잃는 사람이 부지기수였습니다."

9개월 동안 섬에 드나들면서 군인들에게 점호를 받던 당시, "하나, 군인은 충절을 다하는 것을 본분으로 하며…"로 시작하는 군인 수칙

5개조를 제창했습니다.

오카다 등에게 할당된 일은 주로 발연통이나 풍선 폭탄에 장착할 기구 제작, 독가스 운반 작업 등이었습니다.

"일본이 패전을 맞던 해 7월, 오쿠노지마가 공습으로 큰 타격을 입는 바람에 저장되어 있던 독가스를 모두 오미시마(大三島)[10]로 옮기라는 명령이 떨어졌습니다. 그래서 독가스를 창고에서 꺼내 부두까지 옮기는데, 낡은 드럼통의 구멍에서 흰색, 노란색, 갈색 등의 끈끈한 액체가 흘러나와 있었습니다. 장갑을 나눠 받기는 했지만, 오후 3시쯤 되니까 눈물, 콧물, 재채기 등이 멈추지 않더군요. 그런데도 아무것도 모르니까 그저 서로 바라보며 웃기만 했습니다."

전후에 학교에서 미술 교사로 일하던 오카다가 퇴직했을 당시 히로히토 일왕이 사망했습니다. "실로 '악의 시대'였지요. 최고책임자였던 천황이라는 사람이 아시아인들에게 그런 폐를 끼쳤고, 일본인들조차 그 피해로부터 자유롭지 못했으니까요." 그러나 생각해보면 그녀 역시 어린 나이인데도 오쿠노지마에서 많은 일을 했습니다, 본인 또한 가해자였던 것입니다. 시키는 대로 했다고 책임을 면할 수 있는 것은 아니라는 사실과 함께, 특히 중국인들에게 일본이 저지른 '삼광 작전' 등의 만행에까지 생각이 미쳤습니다. 그래서 오쿠노지마의 체험을 그림으로 그리고 영어로 된 설명문까지 붙여 여러 사람들의 도움을 받아 중국은 물론 필리핀, 인도네시아, 미국 등에 보내게 되었습니다. 그리고

---

10 에히메(愛媛)현.

우리는 가해자입니다

그녀에게 수많은 응답이 전해졌습니다.

"이 책에는 사죄의 마음이 담겨 있습니다. 이것을 인연으로 상하이에서 산부인과 원장을 하고 계시는 여성과 20년 지기 친구가 되기도 했지요. 저로서는 끔찍한 짓을 저지른 일본인의 말이 과연 받아들여질 수 있을까 생각하고 있었는데 말입니다. 기쁜 일이었어요."

오카다는 9년 전부터 자신이 살고 있는 지역에서 평화헌법 개정을 막기 위해 결성된 '9조의 회' 지부 활동에 참가하고 있습니다. 지난 9월 19일, 아베 정권의 전쟁법안이 강행 체결되었을 때는 가만히 있을 수 없어서 미하라 역 앞에서 진행된 가두선전에 참여하여 직접 쓴 원고를 들고 마이크를 잡았습니다.

지금도 침묵하는 전 간부
– 해군 군수공장 터에서도 피해가 발생하다

2002년 9월, 가나가와현 히라쓰카(平塚) 시 사무카와초(寒川町)에 있는 수도권 중앙 연락 자동차 도로의 교각 공사 현장에서 이페리트 등 독가스가 든 맥주병이 발굴되어 도급 작업자 10명 이상이 중독되는 사고가 발생했습니다. 806개나 되는 맥주병이 나온 현장은 독가스를 제조하던 사가미(相模) 해군 군수공장 터 중심부로, 전후에는 화학 회사에 불하되었습니다.

이 지점에서 발생한 독가스 문제를 추적·조사한 기타히로 이치로(北広一郎)는 말합니다. "사가미 만은 미군의 상륙에 의해 이른바 '본토

결전(本土決戰)'이 벌어진 장소였습니다. 맥주병은 투척하려고 준비했겠지요. 패전 당시 군수공장에서 일하던 군 간부가 전범으로 기소될 것을 우려해 감춰둔 것인데, 지금도 이 일에 대해서 입을 다물고 있어요. 이 밖에도 독가스가 발견되고 있습니다." 당시 30대였던 작업자들은 13년이 흐른 지금도 시야 협착, 기관지염, 설사, 악력 상실, 피부 이식을 해도 낫지 않는 켈로이드(keloid, 피부 손상 후 상처가 치유되는 과정에서 비정상적으로 섬유조직이 밀집되어 성장하는 질환으로 상처나 염증 발생 부위를 넘어서 주변으로 자라는 성질을 갖고 있다 - 옮긴이) 등으로 고통 받으며 생업조차 하지 못하고 있습니다.

2015년 11월 23일 자, 야마자와 다케시

7. 구 일본군의 충칭대폭격
- 10만 명이나 살상하다

중국을 침략한 구 일본군은 1938년 초에서 1944년 말까지 국민당이 임시 수도를 두었던 충칭을 비롯한 쓰촨(四川)성 전역에 무차별 폭격을 반복했습니다. 충칭대폭격이란 양쯔강 상류의 충칭을 지상에서 공격하기 어려우니, 공습을 통해 중국 측의 전쟁 의지를 꺾기 위해 일으

우리는 가해자입니다

킨 것이었습니다. 폭격의 기간이나 범위를 어떻게 잡느냐에 따라 피해 관련 통계는 달라지지만, 중국 측 연구 자료에 따르면 폭격이 1938년 2월부터 1944년 12월까지 쓰촨성 전역에 걸쳐 이뤄지면서 약 10만 명에 달하는 사상자가 발생했다고 합니다.

2006~2009년에 피해자와 유족 188명이 일본 정부에 사죄와 배상을 요구하며 소송을 제기했지만, 도쿄지방재판소는 2015년 2월 청구를 기각했고 2016년 2월부터 다시 항소심이 시작될 전망입니다. 이에 충칭 현지의 피해자들을 찾아가보았습니다.

1) 지금도 깊이 새겨진 상흔

충칭폭격이 7년 가까이 이어진 가운데, 일본군이 특히 화력을 집중한 것은 1938~1941년의 3년간이었습니다. 특히 1939년 5월 3, 4일에 이루어진 폭격이 4,000명 이상의 사망자를 내며 현지인들의 뇌리에 각인되었습니다.

양친을 잃다

왕시푸(王西福, 80)는 당시 3살이었습니다. 양친은 상하이에서 결혼해서 상하이사변(1937년 8월 13일)이 터진 후 충칭으로 피난해 있었습니다. 충칭 중심부 북쪽으로 흐르는 자링강(嘉陵江) 북안(北岸)에서 상하이 요리점을 경영했습니다.

5월 2일 정오 무렵, 일본군 폭격기가 충칭 중심부를 폭격했고, 그 뒤 자링강 북안에도 폭탄이 투하되었습니다. 주변에는 방공호가 없었기 때문에 왕 씨는 양친과 함께 인근 목재 공장에 쌓여 있던 목재 틈바구니로 몸을 숨겼습니다.

하지만 근처에서 폭탄이 폭발하자 목재가 순식간에 무너져 내렸고, 양친은 그에 깔려서 목숨을 잃었습니다. 모친의 태중에 있던 8개월 된 태아도 함께였습니다. 왕 씨도 얼굴 오른쪽을 다쳤습니다.

고아가 된 왕 씨는 숙부에게 맡겨졌지만, 8세에 집을 뛰쳐나와 충칭 중심부에서 구두닦이 등을 하며 생활을 이어갔습니다. 왕 씨는 세 식구가 함께 찍은 사진을 바라보며 "부모님만 살아 계셨다면 전혀 다른 인생을 살 수 있었는데"라고 중얼거렸습니다.

아직도 머릿속에 파편이

당시 7살이었던 첸구이평(陳桂芳, 83)도 양친과 함께 자링강 북안에 살고 있었습니다. 5월 4일, 일본군 폭격기에 의한 폭격이 이뤄지던 당시 첸 씨 가족은 가까이 있던 묘 안에 숨었습니다. 하지만 가까이에서 폭탄이 터지자 세 식구 모두 중상을 입었고, 첸 씨는 머리를 다치며 간신히 목숨을 건질 수 있었지만, 양친은 결국 다음 날 목숨을 잃었습니다.

고아가 된 첸 씨는 넝마주이를 하며 생활했습니다. 그러다 11살 때 간신히 방직 공장에 취직할 수 있었습니다.

충칭 시 중심부를 흐르는 자링강.

당시 폭탄 파편이 첸 씨의 오른쪽 머리를 통해 뇌를 관통하여 지금
도 왼쪽 귀 가까이에 남아 있습니다. 수십 년간 이명 현상이 이어지고
있어서 밤에도 숙면을 취할 수 없다고 합니다. 비 오는 날에는 통증이
더욱 심해지기 때문에 혀를 깨물며 견딜 수밖에 없다고 합니다.

모두 재가 되었다

잔추안비(簡全碧, 77)의 가족은 충칭 중심부에 큰 집을 가지고 있었
지만, 5월 4일 폭격에 불타버리고 말았습니다. 모친은 그 충격 때문에
발병한 정신장애로 고통 받다가 5년 뒤 사망했습니다.

1940년 8월 19일 폭격 당시에는 잔 씨를 안고 도망치던 조모가 폭탄에 직격당해 즉사했습니다. 잔 씨도 왼팔에 큰 상처를 입었습니다. 잔 씨는 "재산도 모두 잿더미가 되어 얼마나 고생했는지 모른다. 폭격만 없었다면 지금과는 완전히 다른 인생을 살았을 것"이라고 호소합니다.

2) 우호와 평화를 위한 재판

1938~1944년 12월에 거듭된 일본군의 충칭대폭격. 그중에서도 최대의 비극으로 기억되는 것이 1941년 6월 5일, 방공호로 피난해 있던 1,000명 넘는 사람들이 질식사한 '6·5 터널 대참사'입니다. 당시 7살이던 리유안쿠이(栗遠奎)는 방공호에서 기적적으로 살아남았습니다.

방공호 안에서 질식당하다

6월 5일 저녁, 공습경보가 울렸습니다. 충칭 중심부에 살던 리 씨는 가족들과 함께 방공호로 갔습니다. 처음에는 안쪽에 있었지만 폭격 시간이 길어지면서 숨이 막혀 입구 가까이로 자리를 옮겼다고 합니다.

출구 부근은 방공호로 도망쳐온 사람들뿐만 아니라 산소가 부족해 이동한 사람들이 더해지면서 혼잡을 이뤘습니다. 리 씨는 가족들과 헤어지고 말았습니다.

어두운 방공호 안 이곳저곳에서 말싸움하는 소리가 들렸습니다. 그

우리는 가해자입니다

와중에 리 씨는 호흡곤란을 느끼며 방공호 속 물웅덩이 부근에 쓰러져 의식을 잃었습니다.

다음 날 아침, 리 씨는 어깨를 두드리는 한 사내에 의해 눈을 떴습니다. 구조대 소속의 사내는 "아이가 살아 있다!"고 외쳤습니다. 정신을 차린 리 씨가 주변을 둘러보니 쓰러져 있던 사람들 모두 숨이 끊어진 상태였습니다. 방공호 밖으로 걸어 나오니 수백 구의 사체가 나란히 놓여 있었습니다.

집으로 돌아온 뒤 9살과 11살이던 2명의 누이가 행방불명된 것을 알았습니다. 리 씨는 가족들과 함께 1,000명이 넘는 사망자 가운데 누

충칭 중심부에 있는 '6·5 터널 대참사' 추모비.

이들을 찾아보았지만 끝내 발견할 수 없었습니다. 이윽고 사체들은 트럭으로 옮겨져 커다란 구덩이에 매장되고 말았습니다.

방공호의 환기 설비가 불충분한 상태에서 폭격이 5시간 이상 계속되면서 일어난 비극이었습니다. 충칭 중심가에 있던 이 방공호 출입구에는 현재 추모비가 세워져 있습니다. 안에는 10매 정도의 사진 등이 전시되어 있으며, 누구나 견학이 가능합니다.

리 씨는 충칭폭격 소송의 원고로 몇 번이나 일본을 방문하여 법정에서 증언했습니다. "재판은 역사적 진실과 정의, 인간으로서의 존엄을 요구하기 위한 것이다. 과거의 역사를 인식하는 것은 중·일 양국 우호의 초석"이라고 호소합니다.

역사적 진상

2012년 6월 5일, 원고단은 일본 정부에 사죄와 배상을 요구하는 '충칭선언'을 발표했습니다. 원고단은 이 선언을 통해 소송의 의의가 역사적 진상에 대한 존중을 기초로 일본의 평화헌법이 만들어온 평화로운 사회를 지키고, 중·일 두 나라 국민의 진정한 화해를 실현하는 데 있다고 강조하고 있습니다.

하지만 충칭폭격 소송 원고단은 올해 2월 25일 도쿄지방재판소 판결에서 패소했습니다. 따라서 내년 봄 항소심을 시작할 전망입니다.

원고단의 법정대리인인 린강(林剛) 변호사는 다음과 같이 말합니다. "피해자들은 목숨이 붙어 있는 한 재판을 이어가겠다는 의사를 밝히

우리는 가해자입니다

고 있습니다. 중국과 일본의 진정한 우호와 평화를 실현하기 위해 재판에 최선을 다할 것입니다."

2015년 12월 24·25일 자, 고바야시 다쿠야

8. 식민지 지배의 실태
  -타이완

1) 우서(霧社)사건, 무력 항쟁의 충격

올해는 청일전쟁의 강화조약인 시모노세키조약의 조인(1895년 4월 17일) 120주년입니다. 이 조약으로 타이완과 펑후(澎湖)제도가 일본에 할양되어 50년간 일본의 식민지가 되었습니다. 타이완을 방문해 일본 식민지 지배의 실태를 알아보았습니다.

타이완 중서부에 있는 제3도시 타이중에서 버스로 2시간, 도중에 30분 정도 구불구불한 산길을 달리다 보면 난터우(南投)현 우서에 도착합니다.

1930년 10월 27일 이른 아침, 무장한 200명의 선주민들이 운동회를 하기 위해 우서공학교(霧社公学校)에 모여 있던 여성과 아이를 포함한 일본인 약 140명을 참살하는 사건이 일어났습니다. 타이완에서의 조직적인 무력 저항이 1915년을 마지막으로 사라지면서 일본의 통치가 안정기에 접어든 것으로 보이던 시기에 발생한 사건으로, 일본 정부는 큰 충격을 받았습니다.

군대 등을 파견하다

타이완을 통치하던 타이완총독부(타이베이)는 즉시 수천 명 규모의 군대와 무장 경관을 파견했고, 선주민들은 산간부에서 게릴라전을 펼쳤지만 일본 측의 압도적인 무력 앞에 약 2개월 만에 진압당할 수밖에 없었습니다.

궐기에 참가한 이들은 우서 지역 11개 부락 가운데 6개 부락에서 살던 선주민 약 1,300명으로, 일본 측의 공격으로 이 중 약 700명이 사망했습니다. 그리고 궐기의 대장이었던 모나 루다오도 스스로 목숨을 끊었습니다.

우서에는 모나 루다오의 묘가 있는데, 그 앞에는 '우서산 포항일 기의 기념비(霧社山胞抗日起義記念碑)'라는 글이 새겨져 있으며 대좌에 '항일 영웅'이라 적힌 모나 루다오의 상이 세워져 있습니다. 조금 더 산속으로 들어가보면 모나 루다오의 부락이 있던 터가 나오는데, 이 부근에도 항일 영웅 기념비가 세워져 있어, 궐기의 대장이 타이완의 영웅이 되었다는 사실을 알 수 있습니다.

선주민의 불만

사건의 배경에는 목재의 운반과 건설 공사 등의 노역에 종사하던 선주민의 불만이 깔려 있습니다. 노역은 가혹했으며 보수도 부당하기 짝이 없었습니다.

또한 선주민 통치를 위해 일본의 경관이 선주민 여성과 결혼하는 예가 많았지만, 경관들은 본국에 처자가 있는 경우가 많아 결국 선주민 여성이 몇 년 뒤 버림을 받는 사례가 빈발했습니다. 이 또한 선주민들에게는 커다란 굴욕이었던 것입니다.

모나 루다오 상. 뒤로 보이는 것이 기념비와 묘. 타이완 난터우현 우서.

타이완 근현대사에 정통한 타이완국립정치대학 타이완사연구소의 쉐화위안(薛化元) 소장은 "선주민이 일본의 통치에 불만을 갖는 것은 당연했다. 일본이 선주민의 문화와 관습을 이해 못하고 탄압으로 일관했기 때문에 선주민이 무력으로 저항했던 것"이라고 해설합니다.

물론 타이완 사람들이 일본의 통치를 순순히 받아들일 리는 없었습니다. 애초에 타이완이 할양되었던 당시부터 각지의 민중은 일본군에 저항했습니다. 무력 저항이 끝난 뒤에도 의회 설립 요구 등 정치적 권리와 대우 개선을 요구하는 운동이 이어졌습니다. 이렇듯 우서사건은 타이완 사람들이 벌인 일련의 저항 운동으로 자리매김한 것입니다.

메이지 정부 초기의 해외 출병

1871년 11월, 폭풍우를 만나 타이완 남부에 표류한 66명의 류큐(琉球, 오키나와의 옛 이름) 주민 가운데 54명이 선주민에게 살해당하는 사건이 일어났습니다. 일본 정부는 이 문제에 대해 청나라에 항의했지만, 청나라는 타이완 선주민에게는 청나라의 통치가 미치지 않는다고 회답했습니다.

이에 일본 정부는 1874년 5월, 사이고 다카모리(西鄕隆盛)의 동생인 사이고 쓰구미치(西鄕從道)가 인솔하는 3,650명의 군대를 타이완 남부에 파견하여 근대적 병력으로 선주민을 제압했습니다. 메이지 정부 최초의 해외 출병이었습니다. 이 사건은 일본에서는 '정대의 역(征台の 役)', 타이완에서는 '무단서(牡丹社)사건'이라 부릅니다.

　　　　　　　　우리는 가해자입니다

타이완 남부 핑둥(屛東)현 전적지에는 일본이 타이완을 식민지로 삼은 후 세운 '사이고 도독 유적 기념비' 터가 있습니다. 부근에는 류큐 주민 54명의 묘와 '일본군 본영 터 기념비'도 있습니다. 본영 터에 대한 설명으로 "무단서사건은 일본의 타이완 침략 야욕을 폭로했다"고 적혀 있습니다.

2) 심신의 병을 얻은 전 위안부

한국과 마찬가지로 일본의 식민지였던 타이완에서도 제2차 세계대전 중 많은 여성들이 일본군 위안부가 되었습니다. 1992년부터 전 위안부의 조사·지원 활동을 하고 있는 '타이베이 시 부녀 구원 기금회(台北市婦女救援基金会)'에 따르면, 타이베이의 피해자는 총 2,000명 이상으로 보인다고 합니다.

부녀 구원 기금회는 현재까지 58명의 전 위안부 생존자를 확정했습니다. 간호사나 식당 종업원 일을 해 돈을 벌 수 있다는 꼬임에 넘어가, 일본군이 주둔하던 동남아시아 등의 위안소에서 일본군을 상대해야 하는 처지가 되었던 것입니다.

강제적 상황

기금회 캉슈화(康淑華) 집행장은 말합니다. "전 위안부는 해외로 보내진 까닭에, 현지 언어가 불가능해 타이완으로 돌아올 수도 없었습니다. 강제적 상황이었다고 할 수 있지요."

현재 생존해 있는 전 위안부는 불과 4명. 모두 90세 전후의 연령으로 심신이 극도로 쇠약해져 언론의 취재에도 응할 수 없는 상태라고 합니다.

기금회가 제공한 자료에 따르면 그중 한 사람인 첸롄화(陳蓮花, 91)는 딸 부부와 함께 살고 있습니다. 19세이던 1943년, "필리핀에서 간호사가 될 생각이 없느냐"는 꾐에 빠져 필리핀에서 위안부가 되었습니다.

미군이 점령 상태의 필리핀을 탈환했을 때는 일본군과 함께 산속으로 도망을 다녀야 했습니다. 그 과정에서 주변 사람이 하나둘 질병이나 미군의 총탄에 쓰러져갔고, 같이 지내던 20명의 위안부 가운데 살아남은 것은 첸 씨를 포함한 두 사람뿐이었습니다. 가까스로 타이완에 돌아와 결혼했지만, 참혹한 경험으로 생식 능력을 잃어서 두 딸을 입양해 키웠습니다.

1999년, 기금회 등의 지원을 받아 9명의 타이완인이 일본 정부에 사죄와 배상을 요구하며 도쿄지방재판소에 소송을 제기했습니다. 하지만 2005년 최고재판소 판결에서 패소가 확정되었습니다.

기금회는 1996년부터 전 위안부에게 한 사람당 월 6,000타이완달러(약 2만 3,000엔)를 생활보조금 및 의료비 등의 명목으로 제공하고 있습니다. 많은 피해자들이 "일본군에 협력하고 정조를 잃었다"는 비판이 두려워 가족에게조차 자신의 경험에 대해 말하지 못하고 있습니다.

우리는 가해자입니다

기금회는 요가 등의 운동이나 회화, 사진 촬영 등을 통해 전 위안부 피해자들이 여생을 평온하게 지낼 수 있도록 심리적 원조를 제공하는 일 또한 중시하고 있습니다.

실망과 분노

기금회의 캉 집행장은 이렇게 강조합니다. "피해자들이 일관되게 요구해온 것은 일본 정부의 진정한 사죄와 배상입니다. 그러나 아베 정권 성립 이후, 일본에서 고노 담화를 부정하고 위안부라는 역사를 숨기려는 움직임이 강해지고 있습니다. 우리는 실망과 분노를 금치 못하고 있습니다. 일본이 앞으로 어떤 태도를 취할 것인지 주목하고 있어요."

3) 자치를 요구하며 14년간 이어간 운동

일각에서는 "타이완은 50년에 걸친 일본의 식민 통치에 의해 근대화되는 은혜를 입었다"고 논의합니다.

하지만 타이완 중부 난터우 시에 있는 국사관타이완문헌관에서 일본 통치 시대에 대해 연구하고 있는 첸웬티엔(陳文添) 연구원은 "일본 통치 시대에 타이완이 근대화된 것은 부정할 수 없는 사실이다. 그러나 식민지의 중요한 기능은 통치하는 국가에 공헌하는 것이며, 근대화의 목적도 바로 여기 있었다"고 지적합니다.

차별적인 대우

아울러 첸 씨는 "당시 일본의 통치를 훌륭한 것이라며 받아들이는 타이완 사람은 많지 않았다"고 강조했습니다. 그 큰 이유는 타이완 사람들에 대한 차별적 대우였습니다.

예를 들어 같은 일을 하더라도 보수에 차이가 있었습니다. 타이완에 사는 일본인은 타인완인보다 60퍼센트나 많은 보수를 받았습니다.

또한 타이완 사람들에게는 무거운 지방세가 부과되었습니다. 중일전쟁이 시작된 1937년부터 세금 부담은 더욱 늘어났습니다. 이와 관련해서 첸 씨는 "본토에 사는 일본인들보다도 많은 세금을 내야 했던 것으로 보인다"고 언급했습니다.

교육 면에서도 일본인 아동은 '소학교'에, 타이완인 아동은 '공학교'에 다니는 것이 원칙이었습니다. 그나마 1914년 이전에는 타이완인은 공학교 졸업 이후 진학할 수 있는 중학교가 없었습니다. 따라서 중고등교육을 받기 위해서는 일본에 유학하는 것 말곤 방법이 없었습니다.

정치 참여도 불가능

타이완 근현대사 전문가인 타이완국립정치대학 역사학부 란스치(藍適齊) 교수는 "최대의 차별적 대우는 타이완 사람들의 정치 참여가 불가능했다는 것이다. 타이완 사람들은 스스로에 대한 정책을 결정할 권리도, 의견을 말할 권리도 없었다"면서 타이완 사람들의 정치적 권리가 없었던 사실을 강조했습니다.

타이베이에 있는 타이완총통부(옛 타이완총독부).

일본의 타이완 통치를 담당한 타이완총독부는 행정, 입법, 사법은
물론 군사까지 장악해 강력한 권한을 가지고 있었지만, 타이완인은 중
요한 지위는 전혀 차지할 수 없었습니다.

일본 본토에서는 1890년 국회가 개설되고 1928년부터는 25세 이
상 남성에 의한 보통선거가 실시되었지만, 타이완 사람들에게는 선거
권이 없었기 때문에 자신들의 대표를 국회에 보내는 것이 불가능했습
니다.

이러한 상황하에서, 타이완의 지식인들은 식민지의 자치를 요구했
습니다. 식민지 주민들 가운데서 의원을 선출하는 타이완의회 설치를

요구하는 운동을 1921년부터 시작한 것입니다. 도쿄의 타이완 유학생들을 중심으로 전개된 이 운동은 1934년까지 14년간 이어지면서 당시 제국의회에 총 15회나 청원서를 제출했습니다. 가장 규모가 크고 장기간 지속된 운동으로서, "대표적인 반식민지 투쟁"(란 교수)이었다는 평가를 받고 있습니다.

4) 일본의 침략 전쟁에 총동원

일본이 만주사변과 중일전쟁을 일으키며 폭주를 거듭함에 따라 타이완도 일본의 전쟁에 휘말리게 되었습니다. 란스치 교수는 "일본 통치기 마지막 10년간은 식민지 지배에 전쟁까지 더해진 상황이 타이완 사람들의 생활에 큰 영향을 끼쳤다"고 지적합니다.

황민화 정책

타이완 사람들을 전쟁터로 보내어 '국민 총동원 체제'에 편입시키기 위해, 일본 정부는 타이완에서 황민화 정책을 진행했습니다.

타이완총독부는 각지에 일본어 강습소를 설립하고 일본어 교육을 실시하는 한편, 다른 언어를 탄압했습니다. 이름을 일본식으로 고치는 창씨개명도 추진했습니다. 다만, 일본의 식민지이던 조선과 달리 타이완의 경우 강제되지는 않았습니다.

일본의 국가 신도를 침투시키기 위해 타이완 각지에 신사를 설립하고 타이완 사람들을 동원해 참배시켰습니다. 한편, 타이완의 전통적인 민간 종교를 탄압하여 수많은 사당이 파괴되었습니다. 결혼식도 신사에서 일본식으로 올릴 것을 권장하는가 하면, 집 안에 아마테라스오미카미(天照大神, 신도에서 섬기는 태양의 신 - 옮긴이)의 신주를 모시게끔 강요했습니다.

1942년부터는 타이완에서 지원병 제도가 실시됩니다. 이 제도는 1945년 4월부터 전면적인 징병제로 개편되었습니다.

당시 타이완인 지원병은 약 2만 명이었는데, 그 밖에도 물자의 운반이나 도로 공사 등에 종사하던 군대의 잡역부, 통역, 군의, 간호사 등 군속까지 포함하면, 전쟁에 참여한 타이완인은 20만 명을 넘어섭니다.

그들은 중국 전선과 동남아시아 각지, 라바울(Rabaul), 뉴기니, 솔로몬제도 등 남태평양의 섬들로 보내졌으며, 그중 3만 여 명이 전사했습니다.

고향에서도 냉대받다

전후에 가까스로 살아남아 전쟁터에서 고향 타이완으로 돌아온 사람들에게도 비극이 기다리고 있었습니다. 패전한 일본 정부가 타이완에서 철수하면서 50년간의 식민 통치가 막을 내리고 국민당이 타이완을 통치하게 되었기 때문입니다.

전쟁에 참가한 타이완 사람들로서는 그때까지 적이었던 사람들을 통치권자로 맞게 된 것입니다. 국민당은 그들을 "일본에 협력한 적"이라며 냉대했습니다. 한편, 일본 정부는 전후 타이완 사람들을 보상 대상에서 제외시키고 유족 연금과 은급(恩給, 일본 정부가 법이 정하는 조건을 갖추어 퇴직한 사람에게 사망할 때까지 지급하던 연금 - 옮긴이) 등을 지급하지 않았습니다.

란 교수는 다음과 같이 강조합니다. "그들은 일본 통치 시대에 성장해서 전쟁에 종사하다가, 전후에는 역사로부터 잊힌 존재가 되었습니다. 일본 통치의 영향을 가장 강하게 받은 사람들이었지요. 일본 정부는 그들에 대해 책임을 지지 않았습니다. 일본 사회가 이를 아직 끝나지 않은 문제로 인식해주기를 바랍니다."

5) 역사 앞에 반성하라

일본 사회 일각에는 "일본은 타이완에 좋은 일을 많이 했다. 그래서 타이완 사람들은 일본 통치 시대가 훌륭했다고 생각하며, 일본에 감사하고 있다"는 주장이 뿌리 깊게 박혀 있습니다.

통치 미화의 오류

타이완국립정치대학 타이완사연구소의 쉐화위안 소장은 "일본에 의한 인프라 건설과 인재 육성이 타이완의 전후 경제발전에 커다란 공헌을 한 것은 사실"이라고 인정하면서도, 이 측면만을 강조하는 관점을 비판합니다.

우리는 가해자입니다

타이베이시 2·28공원 안에 있는 2·28기념관.

쉐 소장은 "스스로 식민지가 되기를 바라는 인민은 없다. 일본은 타이완을 경제적으로 착취했다. 타이완 사람들은 탄압당했고, 차별적인 대우까지 받았다. (이에 대해) 타이완 사람들은 당연히 불만을 가지고 있다"고 지적했습니다. 따라서 "단순히 '일본의 식민지 통치는 좋았다, 타이완인은 감사하고 있다'고 말하는 것은 착각"이라고 강조합니다.

동아시아 근현대사를 거치며 타이완은 끊임없이 농락당했습니다. 청일전쟁을 마무리한 시모노세키조약에서 청나라는 타이완을 일본에 할양합니다. 말하자면 청나라로부터 버려졌던 것입니다.

그리고 50년간의 일본 통치를 거쳐 1945년 10월 25일 국민당 치하로 들어갔을 당시, 많은 타이완 사람들은 환영의 뜻을 나타냈습니다.

하지만 그 기대는 이내 실망으로 바뀌고 말았습니다. 쉐 소장은 당시 국민당의 정책에 대해 "타이완 사람들에 대한 차별적 대우는 여전히 남아 있었고, 정치적 권리도 주어지지 않았다. 게다가 취업이나 식량 사정도 악화되었다. 정부의 부패도 심각했던 까닭에 타이완 사람들은 일본이 물러갔지만 뭔가가 바뀌기는커녕 오히려 나빠졌다고 느꼈다"고 설명합니다.

1947년, 국민당에 대한 저항이 무력으로 탄압당하는 2·28사건[11]이 발생합니다.

이 일로 인해 타이완 전역에 1987년까지 40년간 계엄령이 지속되는 한편, 백색테러라 불리는 반체제파에 대한 탄압이 이어졌습니다. 그 과정에서 항일 운동에 참여했던 사람들마저 검거·처형되었다고 합니다. "상대적인 면에서, 국민당의 극심한 탄압 때문에 시간이 갈수록 타이완 사람들이 일본을 그리워하게 되었던 것"이라고 쉐 소장은 말합니다.

피해 갈 수 없는 책임

이러한 역사적 배경을 생각할 때 "일본에 대한 타이완 사람들의 감정이 비교적 좋은 편이라고 해서, 일본이 식민지 통치의 역사적 책임

---

11   1947년 2월부터 3월에 걸쳐 타이완에서 일어난 국민당에의 저항 운동에 대한 무력 탄압 사건. 2월 28일에 타이베이에서 시작된 저항 운동이 타이완 전역으로 확대됨에 따라 국민당의 수장이던 장제스는 3월 8일 중국 본토로부터 군대를 파견하여 무차별 발포 등 학살을 계속했다. 이로 인해 약 2만 명의 희생자가 발생했던 것으로 추정된다.

우리는 가해자입니다

으로부터 자유로울 수는 없다"는 것이 사실입니다. 끝으로 쉬 소장은 일본 정부와 일본 국민들에게 "일본 제국주의의 역사를 반성하는데 50년간의 타이완 식민지 통치에 대한 반성은 필수불가결하다. 그러나 타이완 식민지 통치에 대한 일본의 반성은 불충분하다는 느낌이든다. 일본은 식민지의 역사를 직시하고, 반성하는 태도를 보여 문제를 처리해야 한다. 이 점과 관련해서 타이완 사람들은 만족하지 않는다"고 호소했습니다.

2014년 5월 4·5·8·10·11일 자, 고바야시 다쿠야

9. 싱가포르의 '화교 숙청'

1) 점령 이후 일반 주민을 살육하다

싱가포르 시가지 중심부에는 높이 약 68미터의 탑이 세워져 있습니다. 이 탑의 이름은 '일본 점령 시기 사난 인민 기념탑(日本占領時期死難人民記念塔)'으로 일본에서는 종종 '혈채(血債, 전쟁·착취로 인한 손실)의 탑'이라 불립니다. 탑 아래에는 일본군에게 학살당한 수많은 이들의 유골이 잠들어 있습니다.

탑의 대좌에는 "깊고도 영원한 슬픔이 서린 이 기념비는 일본군이 싱가포르를 점령했던 1942년 2월 25일~1945년 8월 18일의 기간 동안 살해당한 우리 시민들을 추도하기 위해 건립되었다"는 내용의 글귀가 새겨져 있습니다.

목적은 자원의 약탈

일본 육군은 1941년 12월 8일 하와이 진주만 공습보다 1시간 빨리 말레이반도 북부의 코타바루(Kota Bahru)에 상륙해서 반도를 가로질러 주둔 중이던 영국군을 격퇴하고 싱가포르를 점령합니다. 1942년 2월 15일의 일이었습니다. 점령에 성공하자마자 일본식인 '쇼난도(昭南島)'로 지명까지 바꿔버렸습니다. 이 모든 행동의 목적은 동남아시아의 석유와 철, 주석, 고무 등의 자원을 확보하여 중국 전선에서 난관에 봉착해 있던 전쟁을 지속시키는 데 있었습니다. 그리고 싱가포르는 동남아시아의 군사·경제적 중심지였습니다.

점령으로부터 불과 3일이 지난 2월 18일, 제25군 사령관 야마시타 도모유키(山下奉文) 중장은 항일 중국인의 소탕 작전 명령을 내립니다. 지역을 구분하고 '화교'라 불리는 중국인들을 그곳에 모아 항일 분자를 선별하여 비밀리에 '일소'한다는 계획이었습니다.

집행을 맡은 부대는 점령 후 치안·경찰 업무를 담당하던 헌병대였습니다. 명령에 의해 18~50세의 화교 남성이 모여 헌병대의 검문을 받았습니다. 당시 싱가포르 인구는 약 70만 명이었는데, 중국계 주민

우리는 가해자입니다

싱가포르 시가지에 세워져 있는 '혈채의 탑'.

은 그중 20~30만 명에 달했습니다. 검문이란 이러한 주민들에게 현지 경찰 등의 협조를 받아 "직업이 무엇인가?", "장제스를 어떻게 생각하는가?" 같은 간단한 질문을 하거나 인상, 복장 등으로 반일인지 여부를 판단하는 것이었습니다.

고분켄(高文研)에서 『싱가포르의 화교 숙청』이라는 저서를 출판한 간토가쿠엔(関東学園)대학의 하야시 히로후미(林博史, 현대사·전쟁 연구) 교수는 말합니다. "재산을 가진 이나 교사 등 학력이 있는 화교는 일본군과 싸우던 장제스 등에게 자금을 지원하거나 반일 교육을 하고 있을 것이라는 전제하에 '선별'되었습니다. 반일적이라고 간주된 자는 트럭에 실려 해안이나 늪지대 계곡 등으로 끌려가 대개의 경우 기관총으로 사살되었습니다."

2) 생존자와 목격 주민의 증언

이 살육에서 살아남았거나 현장 가까이에 살았던 까닭에 살육을 목격했던 주민, 사체를 처리한 주민의 증언, 그리고 영국군 포로들이 전범재판 등에서 진술한 내용 등이 기록으로 남아 있습니다. 하야시 교수는 그중 일부를 저서에서 다음과 같이 소개합니다.

전깃줄로 줄줄이 묶어서

타나메라(Tanah Merah) 해안(후에 매립 작업을 진행하여 창이국제공항이 들어섰다)에서 정부 관리였던 창 콴유 등은 트럭 20대에 태워져 연행되었습니다. 손을 뒤로 묶은 전깃줄을 연결해 물가로 데려가 총격을 가했습니다. 창 씨는 다른 이들과 함께 쓰러졌습니다. 일본군은 서로 몸이 겹쳐진 상태로 쓰러져 있는 사람들 위를 걸어 다니며 아직 숨이 붙어 있던 이들을 총검으로 찔렀습니다. 한 일본군이 창 씨의 가슴을 딛고 선 채 옆에 있던 사람을 찔렀지만, 그는 죽은 척해서 살아남아 일본군이 사라진 후 도망칠 수 있었습니다.

우리는 가해자입니다

울려 퍼진 총성

가장 많은 유골이 나온 곳은 시그랩(Siglap) 계곡이었는데, 당시 부근에 살고 있던 안 아무이에 따르면 2월 22일 몇 사람의 마을 주민들이 일본군에게 끌려와 그녀의 집 가까이에 7, 8개의 도랑을 팠습니다. 사람들은 그것이 방공호일 거라고 생각했습니다. 다음 날 새벽 3시경, 온 가족이 일본군에 의해 집에서 쫓겨났습니다. 그리고 아침이 되면 서부터 기관총 소리가 들려왔습니다. 총성은 오후 3시 무렵까지 이어졌습니다. 다음 날 집으로 돌아오자 웅덩이와 연못이 모두 메워져 있고, 모자와 의복, 구두 등이 주변에 흩어져 있었습니다. 며칠 후 속을 메슥거리게 하는 냄새가 코를 찌르면서 개들이 몰려와 웅덩이와 연못

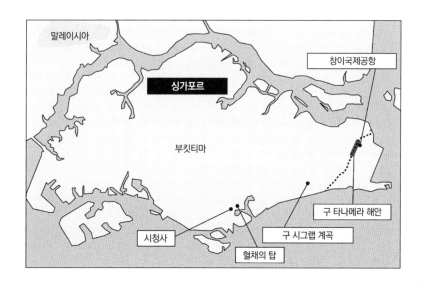

의 흙을 파헤치기 시작했습니다. 가족들은 결국 어쩔 수 없이 이사 갔다가 반년쯤 후에나 돌아왔다고 합니다. 그녀는 전범재판에서 이 일을 증언했습니다.

그렇게 학살된 중국인은 "일본군이 전후 전범재판에서 변명을 하기 위해 만든 자료에 따르면 약 5,000명, 싱가포르 측에 따르면 약 4~5만 명에 달한다고 합니다".(하야시 교수) 영국이 전후에 진행한 전범재판에서 일본의 도메이(同盟)통신 기자는 제25군 참모의 한 사람인 스기타 이치지(杉田一次) 대좌가 "5만 명의 중국인을 살해할 계획이었다. 전부 헤아리는 것은 불가능하다는 것을 알았지만, 대략 절반 정도는 처치했다. 그즈음 중지 명령이 내려졌다"고 증언했습니다.

또한 숙청에 이어 진행된 5천만 달러의 강제 헌금도 중국계 주민들을 고통으로 몰아넣었습니다.

3) 『일본헌병정사』에도 '일대 오점'으로 남다

전후 헌병 출신들의 전우회인 전국헌우회(全国憲友会)가 발행한 『일본헌병정사(憲兵正史)』(1976)는 '싱가포르 화교 숙청 사건' 항목을 무려 8쪽에 걸쳐 상세히 기술하고 있습니다.

제25군 작전 주임 참모 츠지 마사노부(辻政信) 중좌(영국으로부터 전쟁범죄를 추궁당했지만 전후에 자민당 국회의원까지 지냈다)가 검문소를 돌며 "싱가포르의 항일 세력을 일소한다", "싱가포르 인구를 반으로 줄인

우리는 가해자입니다

싱가포르 시가지를 행진하는 일본군(제국전쟁기념관(Imperial War Meseum)).

다'는 등의 발언을 해서 헌병들을 놀라게 만들었다"고 기록되어 있습니다. 그 후의 점령 지배에 대해서도 "이른바 강압에 의한 군정이 시행되었지만, 주민들의 진심 어린 협력을 얻을 수 없었다", "이 사건은 대동아전쟁사상 일대 오점이었다"며 그 포악성을 인정하고 있습니다.

'악마적 행위'라고 비판받다

1965년 말레이시아로부터 독립한 이후 오랜 세월에 걸쳐 총리직을 맡았던 리콴유(2015년 3월 서거)는 1998년에 발간한 회고록에서 "일본인들은 정복자로 군림하면서 영국보다도 잔인하게 상식의 궤를 뛰어넘어 가득 찬 악의를 드러냈다. … 같은 아시아인으로서 일본인들에게

환멸을 느꼈다"고 당시의 체험을 이야기했습니다.

그리고 "전쟁이 끝나고 50년이나 지났건만, 역대 자민당 정권은 …
이 악마적 행위에 대해 언급하지 않으려고 한다. … 이웃나라 사람들
앞에서 이러한 과거를 인정하지 않는다면, 사람들은 이러한 공포가 반
복될지도 모른다는 두려움을 가질 수밖에 없다"고 일본 정부의 자세
를 비판했습니다.[12]

하야시 교수는 리콴유 전 수상의 말을 언급하면서 "화교 숙청은 전
투 이후의 혼란이 수습되어가던 상황에서 냉정한 계획하에 실행한 대
량 살인이었으며, 살해당한 사람들은 무기를 소지하지 않고 저항할 의
사도 없었던 일반 주민들"이었다고 말하는 한편, "이와 같은 사실을 직
시하지 않고, 일본의 전쟁에 대해 '아시아 해방 전쟁' 운운하는 것은
어처구니없는 일"이라고 지적했습니다.

2015년 4월 27일 자, 야마자와 다케시

10. 말레이반도의 화교 학살

일본군에 의한 주민 학살은 싱가포르에 그치지 않았습니다. 제25군

---

12 『리콴유 회고록』(상), 니혼게이자이(日本経済)신문사.

우리는 가해자입니다

(야마시타 도모유키) 전투부대는 1942년 2월 15일 싱가포르전투가 끝나자 남하하면서 지나쳤던 말레이반도로 돌아와 '적성(敵性) 화교 사냥'이라는 이름으로 중국계 주민에 대한 학살을 자행합니다.

후쿠오카현 구루메(久留米) 시에서 편성된 제18사단이 남부 조호르(Johor) 주를, 히로시마성에 사령부를 둔 제5사단은 이곳을 제외한 반도 전역을 맡아 병력을 분산시켰습니다. 그리고 군사령관 명령에 근거해 1942년 3월 한 달간 말레이시아 전역에서 만행을 저질렀습니다.

1) 동남아시아의 피해자들이 증언하다

이 만행의 피해자들을 말레이시아로부터 초대하여 '증언집회'를 개

최해온 시민 단체가 '아시아포럼 요코하마'[13]입니다. 1994년 이래 매년 태평양전쟁이 시작된 12월 8일을 전후해 동남아아시아의 증언자들을 중심으로 개최해온 증언집회는 2014년에 21회를 맞았습니다.

민간인을 총검으로 무참히 살해하다

지난 2013년 이 문제와 관련해서 증언한 것이 정라이(鄭來)였습니다.(일본 방문은 3회째) 정 씨는 수도 쿠알라룸푸르에서 멀지않은 네게리셈빌란 주 렘바우(Rembau)현의 작은 마을 페다스(Pedas)에서 일어난 사건에 대해 다음과 같이 증언했습니다.

"1942년 3월 4일, 일본군이 고무 농장에 나타났다. 당시 그곳에는 남성, 여성, 아이까지 합쳐 300명 정도 있었는데 그중 남성은 100명쯤 되었다. 일본군은 내가 속해 있던 그룹을 숙소로부터 좀 떨어진 곳으로 연행하여 한 줄로 서게 했다. 어머니, 나(6세 정도), 남동생, 여동생 순이었다. 그리고 아무 말 없이 일본군 하나가 어머니가 가슴에 안고 있던 생후 6개월짜리 남동생을 빼앗아 공중으로 집어던졌고, 옆에 서 있던 일본군이 떨어지던 남동생을 총검으로 꿰뚫었다. 남동생은 피투성이가 되었지만 즉사하지는 않았는지 울음소리가 들렸다. 그 무시무시한 광경을 멍하니 보고 있던 나는 뒤에서 찌르는 총검에 가슴을 관통당했고, 총검을 빼내려는 일본군에게 걷어차여 앞으로 고꾸라졌다. 의식이 돌아오자, 일본군이 사체를 숨기기 위해 몸을 고무나무 잎으로

---

13   대표는 요시이케 도시코(吉池俊子).

우리는 가해자입니다

덮어놓았기에 본능적으로 죽은 척했다. 그러고는 가까스로 4살배기 남동생과 함께 도망쳤다. 일곱 식구 중에 목숨을 부지한 것은 단둘뿐이었다. 부디 이런 역사를 잊어서는 안 된다고 말하고 싶다."

학살에서 살아남은 정라이는 렘바우현 학살 희생자 추모비와 묘 건립(1984)을 주도했습니다.

"나를 지켜주신 어머니"

샤오웬후(蕭文虎)는 2007년에 증언에 나섰습니다.

"저는 네게리셈빌란 주 쿠알라필라(Kuala Pilah)라는 곳에서 가까운 파리팅기(Parit Tinggi) 마을에 살다가 1942년 3월 16일 일본군들의 손에 가족을 잃었습니다. 당시 7살이던 저도 총검에 몸이 찔리면서 7군데나 상처가 생겼습니다. 마을 사람들은 광장에 모인 뒤 그룹으로 나뉘어 각기 다른 방향으로 끌려갔습니다. 저는 부모님이 있던 그룹에 속해 있었지요. 그리고 눈 깜짝할 사이에 끔찍한 일이 일어났습니다. 4명의 일본군이 총검을 휘두르며 앞에 있던 사람들을 무차별로 죽이기 시작한 겁니다. 눈앞에서 사랑하는 아버지, 어머니, 남동생, 여동생이 총검에 목숨을 잃었습니다. 오늘날 제가 살아 있는 것은 어머니 덕분입니다. 어머니가 저를 끌어안은 채로 쓰러지셨거든요. 총검이 어머니의 몸을 거쳐 저를 찔렀기 때문에 상처가 깊지 않았던 것입니다. 가능하다면 그 시절 일본군이었던 분들이 용기를 내서 지난 일에 대해 솔직히 이야기해주셨으면 합니다. 제 증언과 더불어 사건의 유력한 근

거가 될 거라고 생각해요."(샤오웬후는 2012년 사망)

2) 진중일지에 남아 있는 대량 학살의 기록

말레이반도에서의 주민 학살에 대한 일본군의 공식 기록이 1987년에 발견되었습니다. 히로시마에 주둔하던 제5사단 보병 제11연대 제1중대의 진중일지가 그것입니다. 하야시 히로후미 간토가쿠엔대학 교수가 방위청 도서관[14]에서 찾아냈습니다.

하야시 교수는 지적합니다. "진중일지는 육군의 작전요무령(作戰要務令, 1938)에 따라 작성이 의무화된 공문서입니다. 원칙적으로 중대 이상의 부대에서 작성되었지요. 군의 공문서를 통해 숙청 사실이 명령까지 포함해 확인되었다는 점을 생각한다면 이제는 학살을 부정할 수 없을 것입니다."

진중일기에는 제7중대가 네게리셈빌란 주의 주도 세렘반에서 동쪽으로 20킬로미터 떨어진 쿠알라필라에 주둔했을 당시 주변 지역에서 자행한 주민 학살이 기록되어 있습니다.

주민 156명을⋯

주민 살해 기록은 3월에 집중되어 있습니다. 그중에 3월 16일분은 쿠알라필라에서의 기록인데, "본(本) 소탕 지구는 중국인 부락이 다수

---

14 현재는 방위성 방위연구소 전사(戰史)연구센터 사료실(史料室).

우리는 가해자입니다

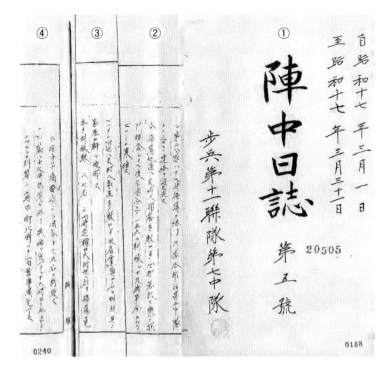

① 제5사단 보병 제11연대 제7중대의 진중일지(1942년 3월분, 방위성 방위연구소 전사연구센터 소장)의 표지. 우측 위에 '군사 기밀'이라는 주필(朱筆)이 있다. ② 3월 16일 '부정분자(不偵分子, 수상한 자) 156 사살'이라고 기재되어 있다. ③ 18일 '오늘 사살 87명'이라는 내용이 나온다. ④ 19일 '부정분자 95명 사살'이라고 쓴 기록이 보인다.

로서 전 부락민을 모아 신문 조사를 벌인 뒤 부정분자 156을 (총검으로) 사살, 19시 30분 쿠알라피라라에 집결"이라는 내용이 나옵니다.

일지에 따르면 3월 4일부터 21일까지 총 584명이 사살되었습니다.

진중일지가 발견된 것은 1987년에 교도(共同)통신에 의해 내용이 배포되어 '일본군, 말레이 주민 대량 살해 뒷받침하는 군 일지 발견'(《도쿄신문》, 12월 8일 자)이라는 머리기사로 지방지에 크게 보도되었습니다.

2중, 3중의 오인

다카시마 노부요시(高嶋伸欣) 류큐대학 명예교수는 "일본군에게는 2중, 3중의 사실 오인이 있었다"고 지적합니다. 일본군은 화교 게릴라들이 말레이반도의 철도와 간선도로를 폭파했다며 소탕 작전을 벌였습니다. 하지만 다카시마 교수는 이에 반론을 제기합니다. "영국군 잔류 게릴라들이 한 일이었습니다. 실제로 전쟁이 끝난 후 많은 영국군들이 표면으로 등장해서 당시의 기록들을 출판했지요."

그뿐만이 아닙니다. 다카시마 교수는 당시 일본군의 착각에 대해서도 신랄하게 비판합니다. "화교들은 상인으로서 도회지에 사는 것이 보통이다. 그런 까닭에 간선도로로부터 500미터 이상 떨어져 있는 곳에 사는 중국인은 수상하다. 게릴라이거나 협력자임에 틀림없다'는 것도 일본군의 무지에 불과했습니다. 당시 화교들은 후미진 곳에 있는 고무 농장에 가족과 함께 들어가 수액 채집을 하는 과정에서 집락을 형성하게 되었거든요. 일본군이 공격한 것은 그런 사람들이었습니다."

전쟁의 상흔을 배우는 여행

다카시마 교수는 고등학교 교사이던 1977년, 말레이시아를 여행하던 중 말라카 교외 마을에 있는 한 식당에 들렀다가 점원으로부터 "일

우리는 가해자입니다

본군이 이 근처에서 수많은 주민들을 죽였던 사실을 알고 있느냐"는 이야기를 듣고, 그의 안내를 받아 직접 추모비를 목격했던 경험이 있습니다. 이 일을 계기로 동료 교사들과 의논한 뒤 안내역을 자처하여 1983년 여름부터 '전쟁의 상흔을 배우는 말레이반도 여행'을 시작했습니다. 그 여행은 지난해 40회를 맞았습니다. 게다가 각지에 남아 있는 일본군 위안소 유적도 조사해왔습니다.

각 지역 화교 단체와 교류가 깊어짐에 따라, 네게리셈빌란 주가 주민 학살 증언집 발행에 협력한 사례도 있습니다. 이 일은 화교 신문에도 크게 보도되었습니다.

다카시마 교수는 이렇게 말합니다. "오랫동안 현지에서의 학살 관련 취재와 조사를 진행하고, 추모비 건립에 힘을 보태면서 화교 단체와 교류해왔습니다. 그 과정에서 많은 일들이 있었지요. '이런 일본인도 있다'면서 오히려 저희의 입장을 대변해주시는 분들까지 있고요. 침략을 자행했다는 사실을 인정하는 한편, 일본군이 해서는 안 되는 불법 행위를 저질렀음을 일본 측에서도 분명 인식하고 있다는 것을 보여줘야 합니다. 결코 같은 잘못을 되풀이하지 않겠다는 약속도 해야 하고요. 그래야 비로소 미래 지향적인 국제관계를 쌓아올릴 수 있을 겁니다. 일본 정부가 아시아에서 우선적으로 해야 할 것은 바로 이런 일이에요."

2015년 6월 8일 자, 야마자와 다케시

2부

무모한 전쟁과 국민의 희생

1장

히로시마·나가사키 원폭 투하, 오키나와전투, 무차별 공습의 실태

1. 인류 최초의 핵무기로 인한 희생
—피폭지에서 듣는 증언

1) 군도(軍都) 히로시마에 떨어진 원폭
—피폭, 용기 내어 고백하다(우에다 마사노리, 히로시마현 구레 시)

아시아태평양전쟁 말기, 각지의 군수공장은 미군의 공습 목표였습니다. 청일전쟁 당시 일왕이 전쟁을 지휘하던 '대본영'이 임시로 설치되었던 군도 히로시마에는 군사 시설과 군수공장이 많았습니다.

"그날의 비참한 광경은 평생 잊을 수 없을 겁니다." 히로시마현 구레 시의 우에다 마사노리(植田雅軌, 83)가 떨리는 목소리로 말했습니다.
히로시마 시의 사립 산요(山陽)중학교(지금의 산요고등학교) 2학년에

우리는 가해자입니다

다니던 1945년 '본토 결전' 준비가 진행되는 가운데, 우에다는 배낭을 메고 포복 전진을 하거나 학생보병총(学生歩兵銃) 돌격을 하는 등 매일 수업이 아니라 군사훈련을 받아야만 했습니다.

여학생의 절규

우에다는 연일 이어지는 군국주의 교육으로 어느새 '적기를 격추시키는 소년 항공병이 되겠다'는 뜻을 품게 되었습니다. 원폭 투하 지점으로부터 1.2킬로미터, 텐마초(天満町) 정류장에서 약 500미터 떨어진 제관(製缶) 공장에서 어뢰의 신관을 만들기 위해 내려진 학생 동원령에 따라 일을 하고 있었습니다.

8월 6일 아침, 오금이 저릴 정도의 섬광과 함께 굉음이 들려왔습니

우에다 마사노리.

다. 그리고 남쪽의 군수공장 건물에서 '진충보국(盡忠報国)'이라고 적힌 일장기 머리띠를 두른 여자정신대원과 세일러복에 비백 무늬 작업복 바지 차림의 여학생 등이 피투성이가 되어 건물에 깔려 있었습니다.

살려달라면서 여학생이 필사적으로 손을 내밀었지만, 그녀를 짓누르고 있던 굵은 대들보는 꿈쩍도 하지 않았습니다.

"어른을 불러올 테니 조금만 참으라"는 말과 함께 우에다가 달려 나온 직후, 불이 건물로 옮겨 붙었습니다.

"산 채로 불에 타 죽어버렸지." 망연자실한 표정을 짓던 우에다 역시 정신을 차리고 머리를 만져보니 어느새 유리 파편이 열 몇 군데 박혀 있었습니다.

하지만 마냥 넋 놓고 있을 수는 없었습니다. 치솟는 불길이 뒤를 쫓아왔기 때문입니다. 피가 흘러내려 시야를 가렸지만 친구와 죽을힘을 다해 도망쳤습니다. 거리에는 열선에 노출되면서 살가죽이 벗겨져 흘러내린 사람들과 뼈가 드러난 부상자 등으로 넘쳐났습니다. 우에다는 "단 한 발의 폭탄 때문에 생지옥을 봤다"고 술회했습니다.

전후에 교사가 되어 초등학교 교장까지 지냈지만, 피폭 체험에 대해 언급한 적은 없었습니다. 그러던 중 2004년에 원폭 관련 전시회를 개최하자는 여론이 높아졌습니다. 이것이 자치회장과 상점가 진흥조합 이사장, 노인회 회장, 민생 위원, 보호사, 주지스님 등 구레 시 각계 인사들의 폭넓은 지지를 통해 확산되는 모습을 보면서 우에다도 용기를 얻어 지난날의 체험을 이야기하기 시작했습니다. 진지하게 귀 기울여

우리는 가해자입니다

원폭 돔 남쪽에 자리 잡은 동원 학생 추모탑.

주던 젊은이들과 아이들의 모습도 큰 격려가 되었다고 합니다.

소임을 다하고 싶다

현재도 구레 시 피폭자 모임 회장으로 각지를 돌며 강연 활동을 계속하는 한편, 지역 피폭자들을 찾아가 격려를 주고받는다는 우에다는 "학우 한 사람 한 사람의 얼굴이 지금도 눈에 선하다"면서 말을 이었습니다. "전쟁은 잔인무도한 살인 행위에 다름 아닙니다. 피폭자들이 고령화되면서 홀로 쓸쓸하게 삶을 마감하는 경우가 늘고 있지만, 아직도 피폭을 경험한 자만이 다할 수 있는 소임이 반드시 있을 거예요. '핵무기와 인류는 공존할 수 없다'는 생각을 가지고 행동하겠습니다."

2015년 8월 6일 자, 나고시 쇼지(名越正治)

2) 마지막까지 지켜보고 싶은 핵무기 철폐의 길
– 열선의 피해에서 살아남은 '평화의 증인'(일본 원·수폭 피해자 단체 협의회 대표위원 다니구치 스미테루)

16세 때 나가사키에서 피폭당한 다니구치 스미테루(谷口稜曄, 85)는 일본 원·수폭 피해자 단체 협의회(일본피단협) 대표위원으로 나가사키와 도쿄를 오가며 바쁜 나날을 보내고 있습니다. 아베 정권의 '전쟁하는 나라 만들기'에 위기감도 느끼지만, 피폭 70주년(2015)을 앞둔 지금도 "어떻게든 핵무기 철폐의 길을 마지막까지 지켜보고 싶다"는 바람에는 변함이 없습니다.

8월 9일, 나가사키

7월 어느 날, 원폭 투하 지점 부근의 나가사키 원폭 자료관에는 수학여행 온 학생이나 해외에서 온 관광객 등 방문자가 끊이지 않았습니다. 이 자료관 상설 전시 코너인 '열선에 의한 피해'에는 '등 전체에 화상을 입은 소녀'의 컬러사진이 있습니다. 원폭이 인체에 끼치는 영

열선에 화상을 입었던 사진을 보여주며
당시를 회고하는 다니구치 스미테루.

향을 조사하러 온 미국인이 촬영한 다니구치입니다. 그 옆에는 켈로이
드로 고통 받았던 야마구치 센지(山口仙二, 2013년 별세)의 사진도 있습
니다.

"직접 열선에 노출되었던 경험을 통해서 피폭의 실상을 알리는 운
동을 해온 사람들 중에 살아남은 사람은 이제 저 하나뿐입니다." 다니
구치는 울분을 삼키며 비장한 결의를 다집니다.

1945년 8월 9일, 원폭 투하 지점에서 북쪽으로 1.8킬로미터 떨어진
스미요시초(住吉町)였습니다. "그날은 더워서 윗옷을 우체국에 벗어둔
채 반팔 셔츠 차림으로 자전거를 타고 우편물을 배달했습니다." 다니
구치는 뒤쪽에 열선에 의한 화상을 입었으며, 폭풍에 휩쓸려 자전거와
함께 4미터 가까이 날아가버렸습니다.

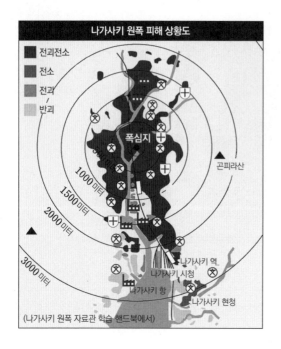

나가사키 원폭 피해 상황도

전괴전소
전소
전과 / 반괴

폭심지

곤피라산

1000미터
1500미터
2000미터
3000미터

나가사키 역
나가사키 시청
나가사키 항
나가사키 현청

(나가사키 원폭 자료관 학습 핸드북에서)

"정신을 차려보니 왼팔은 아예 어깨부터 손끝까지 피부가 넝마처럼 벗겨져 있더군요. 근처 공장에 가서 흘러내린 살가죽을 잘라달라고 했습니다."

전쟁이 끝난 8월 15일 이후에도 임시 병원이던 학교에 가서 신문지를 태운 재와 기름을 섞어 환부에 바르는 치료를 받았습니다.

11월에 병원으로 옮겨져 본격적인 치료를 받았지만 아직 왼손이 굽어 있는 상태라 침대 신세를 져야 했고, 그런 상황이 1년 9개월간 이어졌습니다. 컬러사진을 찍은 것도 당시의 일로, 지금껏 생생하게 기

우리는 가해자입니다

억하고 있습니다. "증상이 제일 심한 사람을 찍어야 한다면서 저를 선택하더군요. 이게 피폭 국가 정부가 할 짓인지 의심스러웠습니다."

다니구치는 1949년, 아직 몸이 완치되지 않은 상태에서 퇴원했습니다. 그리고 매년 한 차례씩 병원을 찾는 생활이 이어졌습니다.

왼손에 오른쪽 넓적다리 안쪽 피부를 이식하는 대수술을 몇 번이나 받았습니다. "온몸에 깨끗하고 정상적인 상태의 피부라고는 없으니 잘 될 리가 없었지요."

원폭으로 인해 화상을 입은 등은 피하세포와 피하지방이 없어진 상태에서 의학적으로 설명 불가능한 돌처럼 단단한 각질이 생겼다고 합니다. 이 증세를 치료하기 위한 수술도 몇 번이나 반복되었습니다.

"거울을 보고 있노라면 절로 진저리가 나는 몸이 되어버리고 말았습니다. 등 쪽은 뼈까지 문제가 생기다 보니 가만히 앉아 있는 것조차 고통스럽고, 어깨부터 망가져가는 느낌이에요."

말을 이어가던 다니구치의 어깨가 떨리고 있었습니다. "가슴에 욕창이 생겨서 뼈까지 영향을 끼쳤습니다. 지금도 가슴을 도려내는 것 같은 느낌이 들고, 왼팔도 똑바로 펴지지 않아요."

다니구치는 때로 담배를 꺼내 물며 맛을 음미하는 표정을 지었습니다. "원폭 때문에 체질도 바뀌더군요. 담배 연기를 들이마시면 잠시나마 가슴속에 꽉 막혀 있던 것들이 사라지는 느낌이 들면서 몸이 편안해집니다. 의사가 끊으라고 난리를 치긴 하지만요." 장난스러운 웃음이 눈가를 스쳤습니다.

피단협 결성

1954년, 미국이 태평양 비키니환초(지금의 마셜제도공화국)에서 벌인 수소폭탄 실험 때문에 일본의 참치 어선 제5후쿠류마루(第五福龍丸, 승조원 23명)가 재난을 당하게 됩니다. 이 일을 계기로 '원·수폭 금지'를 요구하는 국민적 운동이 일본 전역에 불길처럼 번지는 한편, 다니구치와 같은 피폭자들이 주도하는 운동 또한 가속화되었습니다. 다니구치는 켈로이드로 고통 받던 20대 청년들이 결성한 '나가사키 원폭 청년 모임' 멤버로 활동했습니다. 그러던 와중에 1956년에 나가사키에서 제2회 원·수폭 금지 세계 대회가 열렸습니다. 당시 대회에 참석 중이던 피폭자 대표 800명에 의해 처음으로 피폭자 모임이 열린 자리에서 일본 피단협이 출범했습니다.

"그때 저와 같은 처지에 있는 피폭자들의 투쟁에 대해 알게 되었습니다. 원폭과 전쟁을 원망해봐야 어차피 죽임을 당한 사람들이 돌아오지도, 병든 몸이 예전으로 돌아가지도 않는다는 생각에 절반쯤 포기했던 목숨이었으니, 반핵 투쟁에 바쳐 평화의 증인이 되자고 결심했던 거지요."

최근 몸 상태를 고려해 피폭 관련 증언이나 거리에서 핵무기 철폐를 호소하는 '6·9 행동' 참가 등을 가능한 한 삼가고 있었습니다. 하지만 느닷없이 시작된 아베 정권의 집단적 자위권 행사 용인 움직임을 그냥 보고 있을 수만은 없어 다시 거리로 나섰습니다. 전쟁의 아픈 기억이 되살아났기 때문입니다.

우리는 가해자입니다

"전쟁은 나라를 위한 것', '목숨을 바치는 것은 명예' 같은 거짓말을 가르쳤기 때문에 결국 원폭이 떨어지게 된 겁니다. 전쟁이 일어나면 비전투원인 시민, 어린이가 희생될 수밖에 없어요. 그러한 희생 위에 평화헌법이 만들어진 겁니다. 또 다른 희생을 부르는 어떤 움직임도 용납할 수 없습니다. 국민을 깔보고 분노하게 만드는 자는 총리 자격이 없지요. 당장 퇴진해야 합니다."

2015년은 피폭 70주년을 맞는 해입니다. UN에서 핵확산금지조약(NPT) 재검토회의도 열립니다.

다니구치는 2010년 NPT 재검토회의에서 16살 때의 사진을 내걸고 "저는 모르모트가 아닙니다. 구경거리도 아닙니다"라고 울부짖으며 다음과 같이 호소했습니다.

"제 모습을 보신 여러분, 부디 눈길을 다른 곳으로 돌리지 말아주십시오. 우리 피폭자의 몸에는 원폭의 저주스러운 손톱 자국이 남아 있습니다. 저는 이 상처를 응시하는 시선의 냉엄함, 그리고 따뜻함을 믿고 싶습니다. 핵무기와 인류는 공존할 수 없습니다. 모두 함께 온 힘을 다해 핵무기 없는 세계를 만듭시다."

그로부터 4년, 다니구치는 세계적으로 핵무기의 비인도성에 주목하여 핵무기 전면 금지 조약 체결을 요구하는 거대한 흐름이 일어나고 있음을 실감하고 있습니다.

"핵무기 없는 세계를 정말 실현하고 싶습니다. UN에도 가보고 싶고요. 피해자로서 제 나름의 역할을 다하고 싶어요."

히로시마·나가사키 원폭 투하

1945년 8월 6일 오전 8시 15분, 미국은 원자폭탄을 세계 최초로 히로시마에 투하하고, 뒤이어 8월 9일 오전 11시 2분에는 나가사키에 다시 투하했습니다. 히로시마에 투하된 것은 우라늄폭탄으로, 가늘고 짧은 모양 때문에 '리틀 보이(Little Boy)'라 불렸습니다. 나가사키에 투하된 것은 플루토늄폭탄으로, 땅딸막하며 둥근 형태로 인해 '팻맨(Fat Man)'이라는 별명을 가지고 있었습니다.

나가사키 원폭 자료관의 가이드에 의하면 1945년 12월까지 원폭으로 인한 사망자는 7만 3,884명, 부상자는 7만 4,909명으로 추정됩니다. 당시 나가사키 시의 인구는 약 24만 명이었습니다.

2014년 7월 30일 자, 아베 가츠지

우리는 가해자입니다

2. 유골에 새겨진 오키나와전투
─ 아직도 가족에게 돌아가지 못하고

1) 유골 수집 33년, 가마후야 대표인 구시켄 다카마쓰, 70년 만에 여동생과 재회한 호시카도 시게루

오키나와 주민들은 헤노코(辺野古) 신기지 건설을 비롯한 미군 기지의 압력을 거부하고 있습니다. 그 원점에는 태평양전쟁 말기에 벌어졌던 오키나와전투가 자리 잡고 있습니다. 주민 4명 중 1명꼴로 목숨을 잃었습니다. 70년이 지난 지금, 오키나와 사람들은 무엇을 생각하고 있을까요?

일본군의 조직적 전투는 1945년 6월 23일에 끝났습니다. 오키나와에서는 이날을 '위령의 날'로 정해 매년 반전의 맹세를 다지고 있습니다.

구시켄 다카마쓰(具志堅隆松, 61, 나하 시)도 그중 한 사람입니다. 오키나와전투의 유골을 수집하는 자원봉사 단체 '가마후야(ガマフヤー)'[1]의 대표입니다. 구시켄은 어린 시절 모친으로부터 오키나와전투에 대해 다음과 같은 이야기를 들었다고 합니다.

"'엄마, 엄마' 하며 다들 죽어갔다."

---

1   '가마(ガマ, 동굴)를 파는 사람'이라는 의미.

숲을 헤치며 유골을 찾고 있는 구시켄 다카마쓰 '가마후야' 대표(왼쪽), 야에세초(八重瀬町)

어머니의 이야기는 지금도 그의 가슴에 남아 있습니다.

"어머니 품으로 돌아가고 싶은 마음은 죽어서도 마찬가지일 거라고 생각합니다. 그러니 돌려보내줘야죠."

이것이 진실이다

– 군인들에게 참호 밖으로 쫓겨난 희생자들

휴일마다 동료들과 유골 발굴 작업을 해온 지 33년째인 구시켄은 유골 수집을 통해 다음과 같은 사실을 알게 되었습니다.

우리는 가해자입니다

"격전지였던 (본도) 남부에 가까워질수록 주민들의 유골을 작은 바위그늘이나 수풀 같은 데서 어렵지 않게 발견할 수 있습니다. 일본군이 안전한 참호 안을 점령하고 주민들을 사방에 포탄이 떨어지는 바깥으로 몰아냈거든요. 이것이 오키나와전투의 진실입니다."

그 남부에 위치하고 있는 야에세초 아라구스쿠(新城)에서 올해 봄 유골 수집 작업을 진행했습니다. 우라소에(浦添) 시에 거주하는 호시카도 시게루(保志門繁, 84)의 의뢰에 따른 것이었습니다.

호시카도의 70년 전 기억을 토대로 포탄 파편에 맞아 즉사한, 당시 5세였던 여동생 세츠코(節子)의 유골을 찾아내기 위해 숲을 뒤졌습니다.

사람들은 무성하게 우거진 수풀을 낫과 손도끼로 헤치며 앞으로 나갔습니다.

그렇게 수색이 시작된 지 3일째. 호시카도는 간간히 비가 흩뿌리는 가운데 1시간 동안 밧줄에 의지해 가파른 산중으로 내려갔습니다.

"그런 험한 길을 뚫고서라도 꼭 데려오고 싶다는 게 모두의 생각이었습니다. 유족들로서는 작은 뼈 한 조각이라도 좋으니까 반드시 데려오고 싶다는 바람을 지니고 있게 마련이거든요."

수색 4일째. 호시카도가 동생을 묻어주었던 곳으로 기억하는 커다란 바위 밑에서 세츠코의 것으로 보이는 두개골의 일부가 발견되었습니다.

유골을 양손에 끌어안은 호시카도는 "오랫동안 새근새근 잘 자고 있었네. 고맙다, 고마워" 하며 말을 건넸습니다.

망자에 대한 모독

구시켄이 주민의 유골을 찾아낸 것은 이번이 처음이었습니다. 유골이 유족의 품으로 돌아가는 일은 무척 드물기 때문입니다. 지금도 매년 80~100개의 유골이 발견되지만, DNA 감정을 통해 가족의 품으로 돌아간 오키나와전투 희생자는 일본군 네 사람뿐이었습니다. "나라는 자신들이 벌인 전쟁 때문에 희생된 이들의 유골조차 돌려보내주려고 노력하지 않아요." 구시켄은 울분을 토로하며 말을 이었습니다.

"유골을 실제로 보고 생각들을 좀 했으면 좋겠어요. 이들이 왜 여기서 목숨을 빼앗길 수밖에 없었는지, 자신들이 같은 잘못을 되풀이하지 않는다는 믿음을 주고 있는지 말입니다."

미군 신기지 건설 부지인 나고(名護) 시 헤노코의 미군 캠프 슈와브(Camp Schwab)에는 일찍이 미군이 주민 약 2만 명을 이송했던 강제 수용소가 있었습니다. 굶주림과 말라리아로 다수의 사망자가 나왔다고 하며, 지금도 유골이 남아 있습니다.

"그런 장소에 전쟁을 위해 새로운 기지를 만든다니. 그야말로 망자들에 대한 모독이지요. 우리는 헤노코에 기지를 만들게 놔두지 않을 겁니다. 오키나와에서 일본의 민주주의가 뭔지 보여주고, 실현할 생각이에요."

우리는 가해자입니다

2) 매일 곁을 지키던 죽음, 후방도 전쟁터였다('9·29 현민대회결의를 실현하는 모임' 상담역 다마요세 데츠에이)

이달에 81세 생일을 맞은 다마요세 데츠에이(玉寄哲永, 나하 시). "적들이 몰려오니 남부로 가라"는 일본군의 지시로 폭탄이 빗발치는 가운데 가족들과 함께 남으로 도망쳤습니다. 하지만 그렇게 도착한 곳에서는 "매일 죽음이 곁을 지키는 생활이 기다리고 있었습니다".

본도 남단 해변에서 바위그늘에 몸을 숨기고 있을 때의 일입니다. 일본군 한 사람이 군도로 부친을 위협해 남동생이 먹고 있던 죽을 빼앗았습니다. 그리고 대뜸 "네놈들은 이거나 받으라"면서 자결용 수류탄 2개를 던졌습니다.

포탄 파편에 어머니가 오른쪽 옆구리를 다치고, 3살배기 남동생 유키(祐棋)는 오른쪽 넓적다리를 도려내야 했습니다. 전쟁이 끝난 해 9월, 여위어서 몸이 홀쭉해진 남동생은 "형, 과자가 먹고 싶어"라고 말하며 어머니의 등에 업힌 채 숨을 거두었습니다.

"전쟁터에서 죽은 이들의 냄새를 숱하게 맡았다"는 다마요세는 어느 날 쉬파리가 새까맣게 떼를 지어 날아오르는 모습을 보았다고 합니다. "일본군들이 자결한 것이었습니다. 지옥이었지요."

이 사실과 관련하여 2007년 문부과학성은 고교 일본사 교과서에서 '군의 명령'이었다는 기술을 삭제했습니다. '군대가 주민을 지키지 않았다'는 사실을 제1차 아베 정권이 은폐하려 했던 것입니다.

이 사태가 일어났을 당시 오키나와에서는 11만 명 넘는 인원이 참가한 '현민대회'가 열렸습니다(2007년 9월 29일). "역사적 진실의 왜곡에 반대하며 사람들이 마음을 하나로 모은 결과"였다고 설명하는 다마요세는 당시 대회의 실행부위원장을 맡았습니다.

현재 미·일 양국 정부는 '헤노코가 유일한 해결책'이라면서 새로운 미군 기지 건설을 밀어붙이고 있습니다. "주민을 무시하는 억지는 교과서 문제와 뿌리를 같이합니다. 헤노코 문제는 주민이 결정해야 해요. 이는 오키나와의 인권의 길을 여는 운동이기도 합니다. 결국 전쟁으로 이어지게 될 미·일 안보도, 기지도 필요 없어요."

집단적 자위권 행사와 더불어 '후방 지원'이라는 명목으로 자위대의 전쟁 지역 파병을 노리는 아베 정권. 그들이 '군국을 향한 첫걸음'을 내딛으려 한다고 주장하는 다마요세의 위기감 또한 날로 더해가고 있습니다. "내 체험을 돌이켜봐도 그렇지만, 후방도 결국 전쟁터가 될 수밖에 없습니다. 70년 전 그 혼란의 시대로 돌아가서는 안 됩니다."

마부니(摩文仁)의 언덕에 세워져 있는 '평화의 주춧돌'에는 다마요세의 남동생 이름이 새겨져 있습니다. 매년 위령의 날이 되면 그 이름을 어루만지며 평화를 맹세합니다.

다마요세의 가족은 미군 포로가 되면서 혼란 속에 전쟁터를 헤매던 나날을 끝냈습니다. 수용소에서 어머니는 "이제 도망 다니지 않아도 된다"고 말했습니다. "그 무렵부터 비로소 평화, 그리고 삶이 시작된 거지요."

우리는 가해자입니다

주민 4명 중 1명이 사망

미군은 1945년 3월 26일에 게라마(慶良間)열도, 4월 1일에는 오키나와 본도에 상륙했습니다. 당시 가해진 무차별 공습과 함포 사격은 그 격렬함으로 인해 '철의 폭풍'이라 불렸습니다.

한편, 일본 정부는 '국체호지(国体護持, 천황제 존속)'를 내세우며 오키나와를 사석(捨石, 바둑을 둘 때 버리는 돌을 말한다 – 옮긴이)으로 삼았습니다.

일본군은 '군·관·민 공생공사의 일체화'를 지시했습니다. 주민들

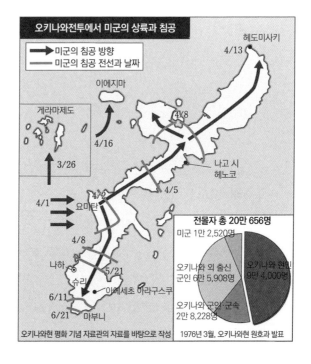

오키나와전투에서 미군의 상륙과 침공

■→ 미군의 침공 방향
── 미군의 침공 전선과 날짜

헤도미사키 4/13

이에지마 4/16

게라마제도 3/26

4/8

나고 시 헤노코

4/5

4/1 요미탄 4/2

4/8

나하 5/21
슈리
아에세초 이라구스쿠
6/11
6/21 마부니

전몰자 총 20만 656명
미군 1만 2,520명
오키나와 외 출신 군인 6만 5,908명
오키나와 현민 9만 4,000명
오키나와 군인·군속 2만 8,228명

오키나와현 평화 기념 자료관의 자료를 바탕으로 작성   1976년 3월, 오키나와현 원호과 발표

은 물론 학생들까지 방위대·학도대 등으로 동원한 것입니다. 주민들을 피난 지역의 참호 등에서 쫓아내는가 하면, 참호 안에서 울음을 그치지 않는 어린아이가 있으면 '적에게 발각된다'는 이유로 살해했습니다. 방언을 쓰던 수많은 주민들도 스파이라며 학살했습니다.

6월 23일, 일본군 수뇌부가 자결하고 오키나와 수비군이 항복 문서에 조인함으로써 오키나와전투는 공식적으로 종결되었습니다. 미일 양국의 사망자는 20만 명이 넘었으며, 그중에는 군대의 잡역부나 군 위안부 신분으로 한반도에서 왔다가 희생된 수많은 사람들이 포함되어 있었습니다.

2015년 6월 14일 자 일요판, 모토요시 마키

3. 공습은 국제법 위반한 무차별 폭격이었다
– 이제야 전하는 전쟁의 참상

태평양전쟁 말기, 미군의 공습은 400개 넘는 일본 전역의 행정 구획에 피해를 입혔습니다. 그중에서도 하룻밤 사이에 약 10만 명이 희생되었다고 전해지는 1945년 3월 10일 새벽의 도쿄대공습은 온 거리를 송두리째 불살라버린 무차별 폭격이었습니다.

혼란에 휩싸인 사람들을 한꺼번에 삼켜버린 불꽃
-14세 때 도쿄대공습을 체험한 가노 데루오

다리 위로 도쿄스카이트리가 보이는 고토토이바시(言問橋)². 도쿄대공습 당시에 다리와 그 주변에서 약 7,000명(추정)의 사람들이 희생되었습니다. 다리 옆에 남아 있는 검은 그을음은 '사람 기름'이 연소되면서 남은 흔적이라고 전해집니다.

지금으로부터 70년 전 3월 10일 새벽, 약 300대의 미군 B-29 폭격기가 도쿄 번화가 상공에 출현했습니다. 공포에 휩싸여 사방으로 도망치는 사람들 위로 소이탄이 비 오듯 떨어졌습니다.

14세이던 가노 데루오(狩野光男, 84, 도쿄도)는 당시 자신과 어린 여동생 둘, 부모님, 집에 세 들어 살던 여성 2명까지 포함하여 도합 7명과 함께 스미다(隅田)공원으로 도망쳤습니다.

공원 바로 옆에 놓여 있던 고토토이바시에서 고성과 비명이 들려왔습니다. 하천 양쪽에서 피난한 사람들이 다리 한가운데서 맞닥뜨려 꼼짝할 수 없게 된 것입니다. 그 상황에 북서쪽에서 강풍이 불자, "불길이 다리 위를 강처럼 가로질렀다"고 합니다. 불이 가재도구는 물론 사람들에게까지 옮겨 붙으면서 다리는 화염에 휩싸였습니다.

불이 스미다공원까지 번지는 것을 본 사람들이 도망치기 시작하면서 대혼란이 일어났습니다. 가노가 잡고 있던 아버지의 손을 놓친 것도 바로 그때였습니다.

---

2   도쿄도 다이토(台東)구, 메구로(目黒)구 소재.

가노가 목격한 고토토이바시의 참상. "천황
폐하 만세"를 외치며 뛰어내리는 사람도 있었
다고 한다. (가노 데루오의 그림)

　가노는 도망치는 사람들로 북새통을 이루던 선착장의 돌계단에 몸
을 숨겼습니다. "불길이 수면 위를 훑으면서 강에 뛰어 들어가 있던 이
들의 상반신을 불태워버렸지요."

　날이 밝을 무렵 가노의 시선을 붙든 것은 검게 그을리거나 핑크색
을 띠며 여기저기 나뒹굴던 시체였는데, "인간의 존엄 같은 것은 찾아
볼 수조차 없었다"고 합니다.

　공습이 시작될 때 함께 도망을 친 일곱 식구 중에 생존자는 단 한
사람도 없었습니다. 가노는 전쟁고아가 되었습니다. 같이 살던 두 사
람의 여성 중 한 명인 시즈에(静江)는 결혼한 지 일주일 만에 남편이

우리는 가해자입니다

집속소이탄(集束燒夷弾) 실물 크기 모형. 소형 자폭탄(子爆弾, 앞)의 크기는 직경 8센티미터, 길이 50센티미터. (도쿄대공습·전쟁재해자료센터 제공)

'사람 기름'이 연소되면서 검게 그을린 것이라 전해지는 고토토이바시의 지주(支柱) 윗부분.

징집되어 혼자 지내고 있었습니다. 그래서인지 늘 "세상에 전쟁 없는 나라는 없을까"라는 말을 입에 달고 살았다고 합니다.

가노는 전후에 전쟁의 포기를 주장하는 헌법 9조를 보고 이미 세상을 떠난 시즈에에게 말했습니다. "이제 시즈에 씨가 말하던 나라가 되려나 봐요."

가노는 전쟁이 끝난 뒤 영화관의 간판 그리는 일을 생업으로 삼아 살아왔습니다. 2004년, 처음으로 초등학생들 앞에서 공습 체험을 그림으로 그려 보여주며 증언했습니다. 그때 "내 역할은 그림으로 메시지를 전하는 것"임을 확신했다고 합니다. 그날 이후 다른 공습 피해자들의 체험을 담은 그림들을 그리기 시작한 것이 어느새 100장을 넘었습니다.

아베 정권이 전쟁의 길을 향해 돌진하고 있는 요즈음, 가노는 호소합니다. "제 경험을 더 널리 전하지 못한다면 눈 감을 때 후회할 것 같아요. 조금이라도 더 많은 사람들이 전쟁이란 무엇인지에 대해 생각하기를 바랍니다."

국민들의 대피를 금지했던 방공법
─ 오사카공습 소송 변호인단 변호사 오마에 오사무

공습은 미국이 국제법을 위반하고 감행한 무차별 폭격이었습니다. 그러나 일본 정부의 책임 또한 중대합니다. "공습은 무서운 게 아니다. 도망치지 말고 불을 꺼라"는 방공법제로 피해를 확대시켰기 때문입니다.

1927년에 제정된 방공법은 1941년 11월 개정에서 퇴거 금지와 소화 의무를 추가하는 한편, 위반자에 대한 벌칙을 규정했습니다. 전시형사특별법(1942년 3월)에서는 방공을 방해하는 자에 대한 최고형을 사형으로 정하기도 했습니다.

게다가 당시 일본 정부가 발행한 책자인 『시국방공필휴(時局防空必携)』는 '목숨을 내던져 조국을 지킨다'는 방공 정신을 국민들의 머릿속에 주입하려 했습니다.

일본 본토에 대한 첫 공습이 있었던 것은 1942년 4월 18일의 일입

우리는 가해자입니다

니다. 중형 폭격기인 B-25가 도쿄, 가나가와, 나고야, 고베의 군사 시설은 물론 주택지까지 폭격하면서 민간인들이 희생되었습니다.

다음 날 각 신문은 "천착과 억측을 삼가고, 군을 신뢰, 전장을 지키라"는 정부 발표를 게재하여 공습으로 인한 피해를 철저히 숨기는 한편, '공습은 무섭지 않다'는 선전에 열을 올렸습니다.

그 이후에도 신문에는 "소이탄은 장갑을 끼고 내던지면 된다, 뜨겁지 않다. 아무것도 아니다"라는 내무성 방공지도과장의 담화나 "도망가지 말고 위치를 사수하라"는 표제 등이 판을 쳤습니다.

미국과의 전쟁이 시작되기 전에는 '튼튼하게 만들 것'을 권장하던 방공호의 경우도, 이후 정부의 통달에 의해 "간이 시설물 정도면 된다. 마루 밑에 굴을 파는 것으로 충분하다"는 식으로 방침이 변경되었습니다. 그래서 막상 공습이 시작되자 사람들이 생매장을 당하는 등의 피해가 속출했습니다.

초등학생 이외의 아이들에 대한 소개(疏開, 공습이나 화재 따위에 대비해 한곳에 집중되어 있는 주민이나 시설물을 분산시키는 일 – 옮긴이)도 억제되었습니다. 도나리구미(隣組, 제2차 세계대전 당시에 국민을 통제하기 위해서 만들어진 최말단의 지역 조직 – 옮긴이)를 통해 피난을 통제하는 상호 감시 체제가 구축되어 공습을 피해 피난을 가는 사람들을 '비국민(非国民)'으로 매도했습니다. 도망가겠다고 생각하지 않는, 도망가고 싶어도 도망갈 수 없는 상황이 조성되었던 것입니다.

방공법제는 정보 통제와 일체화되어 있었습니다. 여기서 국민들이

'전쟁은 무서운 것'임을 깨닫기 전에 전쟁을 준비하려는 무서운 의도를 읽을 수 있습니다. 아베 정권의 특정비밀보호법에 의해서도 같은 일이 일어나지 않을까 우려됩니다.

공습 피해자들이 일본 정부에 사죄와 배상을 요구한 오사카공습 소송(최고재판소에서 패소 확정) 1심과 재심 판결은 방공법제로 인해 국민이 위험한 상황에 놓였다는 사실을 인정했습니다. 소송단은 피해자 구제를 위한 법률 제정에 이 판결을 활용할 생각입니다.

(오마에 오사무(大前治) 외 공저, 『검증, 방공법 – 공습하에서 금지되었던 피난』)[3]

2015년 3월 1일 자 일요판, 모토요시 마키

---

3   호우리츠분카샤(法律文化社).

2장

증언
– 전쟁

1. 만주개척단의 악몽
– '지옥도'를 보았다(마에자키 쇼이치)

이바라키현 가사마초(笠間町, 지금의 가사마 시)에서 우두머리 목수의 장남으로 태어난 마에자키 쇼이치(前崎章一, 87, 이바라기현 가미스 시 거주)는 태평양전쟁이 임박해 있던 1944년 9월, 옛 만주 지역으로 건너가 마을 주민들이 개척을 시작했던 둥안(東安)성[1] 바오칭(宝清)현 미나미하마(南哈嗎)의 가사마 분촌(分村, 마을 사람이 집단 이주해 만든 새 마을 – 옮긴이) 개척단에 들어갔습니다.

하지만 그로부터 채 1년도 되지 않아 전쟁의 먹구름이 그 작은 마을에까지 몰려왔습니다. 성인 남성들은 차례로 징집되었습니다. 소련의 참전(1945년 8월 9일)으로 폐촌·도피가 시작되었을 무렵 118명의 개척

---

1   지금의 헤이룽장성.

단원 중에 남아 있던 성인 남성은 겨우 20명으로 그나마 대부분은 고령자였고, 나머지 98명은 여성과 아이가 각각 절반을 차지하고 있었습니다.

소련군의 추적에서 벗어나기 위해 10일치 식량을 가지고 피난을 시작했지만, 이윽고 식량이 바닥나는 바람에 밭의 작물 등을 훔쳐 먹으며 도피를 이어갈 수밖에 없었습니다. 지역 마을의 돼지에 손을 댔다가 자경단에게 혼이 난 적도 있었다고 합니다.

귀가 잘 들리지 않아 대화를 나누기 어려운 마에자키를 대신해 아들인 데쓰야(哲也, 58)가 부친의 이야기를 소개해주었습니다.

"총소리 중에서도 '피융', '팡팡팡' 하는 건 별로 겁이 안 나. '슈욱' 하는 게 무섭지. '슈욱' 하고 귓전을 스치는 거거든. 무서워서 고개를 들 수가 없어."

천 몇 백 명이 사망

마에자키가 1981년 출판한 수기 『허기와 진창 – 가사마 만주 분촌 생환자의 수기』[2]는 만주 최대의 비극이었다고 전해지는 '사도(佐渡) 개척단 터 사건'에 대해서도 다룹니다.

불시착한 소련군 정찰기 승무원이 사살된 것을 발단으로, 소련군이 사도 개척단 터에 모여 있던 일본인들을 포위하여 박격포와 기관총 등으로 습격한 끝에 소련군의 공격과 집단 자결 등으로 천 수백 명이

---

2   쓰쿠바쇼린(筑波書林).

우리는 가해자입니다

마에자키 쇼이치(가운데)와 아들 데쓰야(왼쪽)로부터 이야기를 듣는 후지에다(藤枝), 이바라키현 가미스 시.

목숨을 잃었던 사건이 그것입니다.

　마에자키는 공격이 시작되기 전에 그곳을 탈출했지만, 수기에서는 당시 상황을 다음과 같이 묘사하고 있습니다. "(비관한 사람들은) 차례로 육친을 사살했다. 2채의 가옥 안에서 수백 명이 살해당하면서 피바다를 이루고, 그 핏물이 집 밖으로까지 흘러나오는, 보고만 있어도 몸서리가 쳐지는 지옥도였다."

　데쓰야는 술회합니다. "아버지는 늘 '전쟁은 사람이 할 짓이 아냐. 오로지 약탈, 강간뿐이니'라고 말씀하셨어요."

시베리아에 억류되기도

『허기와 진창』에는 마에자키가 만주로 건너가 소련군 포로가 되기까지의 과정이 자세하게 기술되어 있습니다. 마에자키는 실제로 1947년 11월까지 이어진 시베리아 억류 생활에 관해서도 따로 적어놓았습니다.

원고지 108매 분량의 글에는 귀국시켜주겠다는 말에 속아 시베리아의 '라게리(лагерь, 수용소)'에 보내졌을 때의 원통함과 강제 노동, '다모이(домой, 귀향)'를 위해 고통을 견뎌내던 이야기 등이 절절하게 묘사되어 있습니다.

드디어 귀국선에 오르는 마지막 장에서 마에자키는 "감개무량. 이 순간을 필설로 표현하는 것은 불가능하다. 눈앞에 있는 귀국선. 북받치는 기쁨에 일찍이 경험할 수 없었던 심정을 느꼈다"며 감회를 토로합니다.

지역 시민단체 '우치하라 도모베(內原友部) 평화 모임'의 후지에다 겐이치(藤枝憲一, 68)는 마에자키의 수기에 주목합니다. "『허기와 진창』은 시베리아 억류 실태를 전하는 귀중한 자료입니다. 전쟁이라는 과오가 반복되지 않도록 하는 데에도 나름의 가치를 지니고요. 만주에서의 경험 등이 담겨 있는 이런 자료들을 어떤 형태로든 후세에 남겨주고 싶습니다."

2014년 8월 20일 자, 구기마루 아키라(釘丸晶)

우리는 가해자입니다

2. 지옥이 된 정글
– 빈사 상태의 병사는 버려졌다(지부 야스토시)

태평양전쟁의 격전지 뉴브리튼섬에서의 '전투'에 대해, 오사카 시 요도가와(淀川)구에 살고 있는 지부 야스토시(治部康利, 93)는 "'위대한 정의의 전쟁'이라는 말은 어불성설입니다. 병사들은 무기도 식량도 없이 버려져 굶주림 속에 죽어갔을 뿐이에요"라고 고발합니다.

철권 통제의 나날

지부는 1941년 21세 때 징집되어 공병 제17연대 소속으로 신병 교육을 받았습니다. 중국 점령지에서는 경비 임무를 분담하며 한밤중에도 비상 소집되어 '비적 토벌'에 투입되기도 했습니다.

"신병 교육은 정말 힘들었습니다. '강한 병사로 만들겠다'면서 매일 양쪽으로 번갈아가며 따귀를 얻어맞는 '철권 통제'의 나날이었어요." 취침 전에는 '군인 수칙'을 제창시키며 때리는 손이 아프다고 할 만큼 공병용 작업화로 두들겨 맞다 보니 양 볼이 엉망이 될 정도로 상처가 남곤 했습니다.

교육을 수료한 뒤 제17사단 사령부에 배속되었습니다. 뉴브리튼섬에서 미군의 함포 사격과 폭격으로 궁지에 몰린 끝에 "이제 끝이구나" 하며 질끈 눈을 감아버릴 즈음, '옥쇄(玉碎)'가 아닌 '전진(転進)', 즉 '퇴각' 명령이 떨어졌습니다.

지부 야스토시.

　하지만 퇴각은 전투 못지않게 힘들었습니다. 지급받은 쌀 5홉과 고
야도후(高野豆腐, 두부를 잘게 썰어서 얼려서 말린 것-옮긴이)가 일주일 만에
동이 난 상태에서 1,000킬로미터 거리를 후퇴해야 했기 때문입니다.
100일이나 되는 기간이 소요되었습니다. 정글의 무더위 때문에 탈진
해 걸을 수 없게 된 병사들이 숱하게 버려졌습니다. 퇴각하다 찬합이
라도 눈에 띄면 밥알이라도 나올까 싶어 온 사방을 뒤졌습니다. 행군
을 하다가 하루에 열 몇 번씩 설사를 하거나 말라리아에 걸려 고열에
시달리기도 했습니다. "3,000명이 굶어 죽었다"고 합니다.
　갖은 고생 끝에 라바울까지 퇴각하여 부대에 복귀했을 때 지부는
전우로부터 충격적인 이야기를 들었습니다. 함께 신병 교육을 받았던
Y가 자살을 했다는 것이었습니다.

우리는 가해자입니다

Y가 소속되어 있던 공병대의 상관은 '담력 시험'을 빙자해 중국 쉬저우에서 잡은 포로를 총검으로 찔러 죽이라고 명령했습니다.

"제발 좀 봐달라"고 애원하며 명령에 따르지 않자, 상관은 "근성을 뜯어고쳐주겠다"며 매일같이 폭력을 휘둘렀습니다. 학대를 견디지 못한 Y는 불침번을 서다 자신의 소총으로 끝내 목숨을 끊었다는 것이었습니다.

"속에 담아두라"

목수 출신으로 교량 가설이나 다른 목공 작업을 할 때면 늘 두각을 나타내던 Y였는데, 그의 죽음은 "비적 토벌 중 전사"한 것으로 처리되었습니다. 엄연히 스스로 목숨을 끊었건만 "속에 담아두라"는 말과 함께 부대에서 은폐되고 말았던 것입니다.

"일본 군대는 중국과 아시아 사람들에게 무법·잔학한 행위를 저지른 야비하기 짝이 없는 집단이었지만, 일본 병사들에게도 잔인무도하기는 마찬가지였습니다. 저도 공병대에서 계속 근무했다면 결국 '포로 사살' 명령을 받았을 테지요. 설령 살기 위해 그 명령에 따랐더라도, 평생 지울 수 없는 마음의 상처가 남았을 겁니다."

지부는 결연한 어조로 말을 맺었습니다.

"이제 와 그 전쟁에 대해 돌이켜 보면, 결국 병사들이란 '1전 5리(1전 5리는 제2차 세계대전 당시 일본에서 엽서에 부과되던 우편 요금으로, 실제로 소집 영장은 지역 공무원이 전달했지만 보통 사람들 사이에서는 '징집 영장'을 의미

하는 말로 쓰였다. 그래서 '1전 5리 정도의 잔돈푼에 끌어 모을 수 있는 값싼 목숨'
이라는 자조적 의미가 담겨 있기도 했다 - 옮긴이)'에 징집된 값싼 목숨에 불
과했던 것이 현실입니다. 사람이 사람을 죽이는 일도, 또 죽임을 당하
는 일도 결코 있어서는 안 돼요. 전쟁에서 살아남은 저는 이제는 인명
을 경시하는 아베 정권과 싸움을 이어갈 겁니다."

2014년 9월 21일 자, 나고시 마사하루(名越正治)

3. 절대 복종을 강요당한 군대 생활
– 얻어맞다 보면 악마가 된다(미사와 유타카)

왜 일본군은 그렇게 야만적인 군대였을까요? 순수한 농촌의 젊은이
들이 어째서 악마같이 잔학한 일을 저지를 정도로 변했던 것일까요?
전쟁 당시 구 만주 지역과 허난성에서 교량 가설이나 도로 보수 작
업 등을 맡은 공병대원으로 복무한 미사와 유타카(三澤豊, 92, 나가노현
이나 시 거주)는 "고참병이 초년병을 괴롭히는 구조 속에서 어떤 명령에
도 복종하는 군대가 만들어진 것"이라고 말합니다.

우리는 가해자입니다

정신적 굴욕

그런 군대 생활의 중심에 있던 것이 내무반입니다. 내무반이란 당시 육군 병영 안에서 병사들의 일상생활이 이루어지던 단위로, 초년병들은 이곳에서 먼저 입대한 고참병들과 같이 지냈습니다. 그리고 초년병에 대한 고참병들의 린치와 폭력은 날로 정도를 더해갔습니다. "초년병은 얻어맞을수록 군인다워진다"는 것이었습니다. 1943년 가을에 징집된 미사와도 예외 없이 "매일이 린치의 연속"이었다고 합니다.

정신적으로도 굴욕을 당하며 절대 복종을 강요당했습니다. 침상 밑을 기며 '꾀꼴꾀꼴' 울음소리를 내는 '꾀꼬리 나들이'나 내무반 기둥에 매달리는 '매미 따라 하기', 끝나지 않는 '받들어 총' 등 수법도 가지가지였습니다.

미사와 유타카.

사소한 꼬투리라도 잡히면 징계가 강제되고, 집요한 폭력이 반복되었습니다.

미사와는 "이렇듯 일상적으로 고통을 당하던 병사들은 자신보다 약한 이들, 즉 중국 민중들에게 배출했다"고 술회했습니다.

미사와는 2012년 말, 목 디스크 증세로 입원을 했습니다. 수술 후 얼마 동안 팔다리를 움직이지 못했지만, 재활 치료를 통해 글을 쓸 수 있을 만큼 회복되었습니다. 이 과정에서 자신의 생애를 글로 써서 남기고 싶다는 생각을 굳혔습니다.

그렇게 떨리는 손으로 글쓰기를 이어가고 있을 무렵, 《아카하타신문》의 '증언, 전쟁' 원고 모집 공고를 보고 "뭔가 이야기해줄 것이 있을 것 같아" 응모를 하게 되었습니다.

오늘날의 자위대에서도

"가혹한 제재를 통해 어떤 의사 표현도 할 수 없도록 교육한다. 이것이 일본 군대의 특징이었습니다. 그리고 일본 군대 출신의 대다수가 패전 이후 만들어진 경찰예비대(자위대의 전신)에 들어갔습니다. 결국 옛 일본 군대의 전통이 오늘날의 자위대에서도 이어지고 있는 것입니다."

전 육상자위대 고등공과학교 생도가 올해 8월, 재학 시절 같은 학교의 직원과 동급생으로부터 이지메를 당했다며 손해배상 청구 소송을 제기하는 일이 있었습니다. 지금껏 자위대에서는 고등공과학교나 방

우리는 가해자입니다

위대학교 학생들까지도 그 가해자 혹은 피해자로 연루된 악질적 이지메가 반복되어온 것입니다.

미사와는 "이런 이야기를 들으면 마치 그 옛날의 내무 생활이 부활한 것 같은 느낌이 들어요. 일본군의 정신을 계승하는 한편 더욱 근대화·악질화된 형태로 말이지요. 이런 상황에 전쟁이 일어난다면 어떻게 될까요?"라며 아베 정권이 추진 중인 '전쟁하는 나라 만들기'에 대한 우려를 감추지 못했습니다.

2014년 11월 6일 자, 나고시 마사하루

4. '강제 동원'으로 세월을 보낸 여학생들
– 독서마저 금지당하다(고시바 마사코)

이른바 '전시 체제'하에서 10대 시절을 보낸 고시바 마사코(小柴昌子, 86, 나가노현 마쓰모토 시 거주)는 "전쟁은 여학생에게 정신생활의 자유조차 허용하지 않는 흉폭한 것"이었다고 말합니다.

일본이 태평양전쟁에 돌입한 1941년, 고시바는 초등학교를 졸업하고 미에(三重)현의 현립 츠(津)고등여학교에 진학했습니다. 13세 때였습니다.

담임은 '소대장'

그해부터 1학년 1반은 '제1중대 제1소대', 담임은 '소대장'으로 불리게 되었습니다. 학교가 군대가 되어버린 것입니다.

"북풍이 불어오는 겨울에도 매일 교정에서 일사불란하게 보행 훈련을 받았습니다. 그것도 맨발로 말이지요. 제대한 선생도 '군대 이상으로 엄격하다'며 놀랄 정도였어요."

교복은 '작업용 바지'로 바뀌었고, 영어 수업도 폐지되었습니다. 그리고 혹독한 훈련 때문에 병결자는 늘어갔습니다.

고시바도 자주 학교를 쉬었습니다. 그 과정에 다이쇼 데모크라시(大正デモクラシ_)[3]를 경험한 아버지의 영향으로 톨스토이, 헤르만 헤세 등의 책을 두루 읽으며 감상을 작문으로 남기기 시작했습니다.

그리고 1943년 9월, 1주일 만에 등교한 고시바에게 담임은 "쓸데없는 내용의 작문 같은 건 쓰지 말라"며 못을 박았습니다.

"그때의 일은 지금도 잊을 수가 없어요. '황국의 길' 이외의 가치관이 용납되지 않았던 겁니다."

1944년 4월, 결핵을 앓던 고시바는 몇 개월 만에 학교에 갔습니다.

작업 견학을 신청한 고시바에게 새로 부임한 담임은 "천황폐하의 은혜에 보답하고자 (군대가) 목숨을 내던지며 싸우고 있는 때에 게으름이나 피우는 자는 비국민이야"라며 큰 소리로 질책했습니다. "왜 이런 모

---

3   러일전쟁 당시부터 요시히토(嘉仁) 일왕(히로히토 일왕의 부왕)의 집권기 사이에 일본에서 일어난 민주주의적 개혁 운동. 보통 '정치·사회·문화 등 각 방면에 나타난 민주주의와 자유주의 경향'을 지칭할 때 쓰인다.

우리는 가해자입니다

고시바 마사코.

욕을 당해야 하나, 더는 못 견디겠다 싶어 휴학을 하고 말았습니다.”

전국의 중·고등학교에서는 수업을 단축하고 학생들을 공장 등에서 일하게 하는 '근로 동원'이 시작되었습니다. 츠고등여학교도 3학년 이상은 무조건 공장에 동원되었습니다.

1945년 5월, 고시바는 복학했습니다. 하지만 더 이상 수업을 받을 수 없었습니다. 그해 3월 정부가 초등학교를 제외한 일본 내 모든 학교의 수업을 1년간 정지하기로 결정했기 때문입니다.

매일 머리띠를 두르고 공장에서 일만 하며 보냈고, 휴식은 엄두도 낼 수 없었습니다. 괴테의 책을 펼쳤더니, 지나가던 교감선생이 느닷없이 책을 빼앗아서 고시바의 머리를 내리쳤습니다.

“물론 괴테가 적국 사람은 아니었지요(당시 독일·이탈리아는 일본과 동맹국이었다). 책의 내용이 아니라 '독서' 자체를 용납하지 않았던 겁니다. 명색이 선생이라는 사람이 책 한 줄도 가르쳐주지 않으면서 도리어 '문화'를 빼앗다니. 충격이었습니다."

전체주의의 정체

미군의 공습은 점점 심해졌습니다. 7월 어느 날, "대피! 대피!"라며 절규하는 교사의 목소리가 들려왔습니다. 고시바는 미처 대피하지 못하고 길가에 있던 방공호로 숨어들었습니다.

"경보가 해제되니 선생들은 저 멀리 해안에서 돌아오더군요. 대피하지 못한 학생들을 내버려두고 도망쳤던 겁니다. 공습의 무서움보다 전체주의의 거짓말과 그 정체가 제 심장을 파고들어오더군요."

1개월 후, 일본은 패전을 맞았습니다. 초토(焦土) 한복판에서 학교가 다시 열렸습니다. "처음으로 '학교에 바라는 점을 제출하라'는 숙제를 냈어요. 그 직전까지만 해도 바라는 점은커녕 일절 반론을 용납하지 않았는데, '전쟁이 끝났구나' 하는 해방감에 가슴이 벅차올랐습니다."

고시바는 현재, 지역 '9조의 회(일본 극우파로부터 헌법 9조(평화헌법)를 지키기 위해 조직된 대표적 시민단체 – 옮긴이)'에서 활동하며 한 달에 한 번씩 학습회를 열고 있습니다. "그 시절의 굴욕과 환희를 마음에 새겨, 인권도 목숨도 빼앗겼던 전쟁의 역사를 더 많은 사람들에게 알리기 위해 온 힘을 다하고 싶습니다."

2015년 1월 4일 자, 기미즈카 요코(君塚陽子)

우리는 가해자입니다

5. 전 일본군 위생병이 본 중국 전선
- 약탈로 연명하다 (혼고 가츠오)

"최근 일본은 '전쟁하는 나라'로 변화하고 있는 것처럼 보입니다."
센다이 시에 사는 혼고 가츠오(本郷勝夫, 91)는 전쟁법안을 둘러싼 움직
임을 바라보며 초조해하고 있습니다. 중국 전선에 위생병으로 투입되
어 경험한 전쟁의 참상이 70년 넘은 세월이 지난 지금까지 뇌리에 생
생히 각인되어 있기 때문입니다.

3월에 엮어낸『말하고픈 것, 당부하고픈 것, 목숨이 소중하다는 것』
이라는 제목의 책자를 손에 든 혼고의 방에는 전쟁 체험 수기와 자료
가 산처럼 쌓여 있습니다.

혼고가 징집된 것은 1943년 11월 말. 20살이던 혼고는 도쿄에서 이
발사 수업을 받고 있었습니다. 어디로 가는지도 모른 채 말과 함께 뱃
바닥에 실려 도착한 곳은 난징이었습니다. 20일 정도 도보로 행군한
뒤 나카시나 파견군 제13사단 제1야전병원이 있던 징먼(荊門)의 부대
에 배속되었습니다. 1946년 6월 귀국하기까지 2년 반, 행군한 거리만
중국 남방 지역을 포함해서 약 2,300킬로미터에 달합니다.

납치와 악행
혼고가 말을 이었습니다. "패색이 짙던 시기라 후방으로부터의 식량
보급이 끊겨 매일 '징발'이라는 이름의 날치기가 반복되었습니다. 주

민들을 약탈해서 연명한 거지요. 그것이 중국 전선의 실태였습니다."

중국인을 납치해 짐을 지운 채 100킬로미터, 200킬로미터나 걷게 하면서 제대로 식사도 주지 않다가 체력이 떨어지면 가차 없이 버렸습니다. "일본은 중국인, 한국인을 사람 취급하지 않았어요. 정말 끔찍했지요."

야전병원이라고 하지만 '실태는 아무것도 없는 곳'이었습니다. "그곳에서 지내던 2년 동안 환자를 치료하는 외과 의사를 본 적이 없어요. 그저 부상당하거나 죽은 병사들을 처리하던 곳이었습니다."

부대로 콜레라 환자가 옮겨져 왔을 때 내려진 명령은 "위생병, 장교 이하 전원은 환자에게 손대지 말 것"이었습니다. "전진 명령이 내려지면 다수의 환자들은 한방에 가두어져 산 채로 화장당했습니다." '후방

혼고 가츠오.

우리는 가해자입니다

에서 오는 부대를 지키기 위해서'였습니다.

혼고는 미군기로부터 기총소사를 당하거나, 전염병(재귀열)에 걸리는 등 "몇 번이나 사경을 헤맸다"고 합니다. 귀환한 뒤에는 70세까지 이발소를 운영하며 기회가 주어질 때마다 "전쟁은 사람과 사람이 서로 죽이는 일이다. 죽이지 않으면 죽임을 당한다. 시대가 바뀌어도 본질은 같다. 전쟁만은 절대 안 된다"는 이야기를 거듭해왔습니다.

전쟁법안을 폐기하라

어린 시절, 인근 집에서 10명이나 되는 경관에 둘러싸여 한 여성이 연행되었습니다. "여성은 자신이 일본공산당 당원임을 밝히고는 아이들에게 '평화는 소중하다, 전쟁에 반대한다'고 말했다"고 합니다.

혼고는 "지금이야 헌법이 규정하는 언론의 자유가 있지요. 아베 총리 등 정부의 전쟁법안에 대한 설명은 모호하고 모순투성이예요. 애초에 지난해에 집단적 자위권 행사 용인을 국무회의에서 결정하고, 헌법 9조(평화헌법)를 짓밟은 일 자체를 용납할 수가 없습니다. 국회에서 여당 추천 헌법학자들까지 법안이 위헌이라고 했는데, 당연한 이야기지요. 다들 목소리를 높여서 법안을 폐기시켜야 합니다"라고 강조합니다.

16명의 손자를 둔 할아버지이기도 한 그의 말에는 힘이 실려 있었습니다. "다음 세대를 위해 (헌법) 9조만은 어떻게든 지켜내기를 바랍니다."

2015년 6월 9일 자, 니시구치 유키에(西口友紀惠)

6. 병원선 히로시마의 비극
-종군 간호사가 본 지옥도(모리야 미사)

이바라키현 쓰쿠바 시에 거주하는 모리야 미사(守屋ミサ, 94) 종군 간호사[4]로 태평양전쟁 개전 직후인 1942년부터 약 2년간 부상병을 전선으로부터 후송하는 병원선에서 근무했습니다. "사람의 목숨을 업신여기는 전쟁이라는 지옥도를 똑똑히 봐왔다"고 합니다.

"유언 한 마디 남기지 않고 전선으로 향하는 아침의 청명함"

1942년 1월 첫 항해가 시작되기 전에 유서와 머리칼을 집으로 보내라는 지시를 받은 후 모리야가 동봉한 시 한 수입니다. 모리야의 나이 20세였습니다.

모리야는 1941년 태평양전쟁 개전을 2개월 앞두고 히로시마에서 개최된 일본적십자 구호 간호사 병원선부대(육군) 결성식에 참가한 500명 중 하나였습니다. "절반은 아직 학업 중이었습니다. 이른바 '학도 출진'이었던 거지요. 아무것도 몰랐습니다. 차곡차곡 전쟁 준비가 진행되고 있다는 것을 나중에야 알게 되었어요."

이후 모리야는 1943년 10월까지 총 4척의 배에 승선해 22번의 왕복 항해에 참가합니다. 북쪽으로는 한반도의 청진에서 중국대륙, 남

---

4   일본적십자사에 따르면 1937년 중일전쟁부터 태평양전쟁까지 일본적십자사에 의해 파견된 의사 등을 포함한 구호 인력은 3만 3,156명(960구호반)으로, 이 중 간호사는 3만 1,450명이었으며 사망자만 1,120명에 달한다.

우리는 가해자입니다

모리야 미사.

쪽으로는 뉴브리튼섬의 라바울에 이르는 대단히 광범위한 항해였습니다.

마음이 병든 병사

전황이 악화되면서 수족을 절단한 외과 중환자 외에도 영양실조, 말라리아, 뎅기열 환자가 쏟아져 나왔습니다. "1943년 라바울에서 발생한 환자들은 대부분 기아 상태였다"고 합니다.

선내에서 사망한 이들의 사체를 태우는 것도 모리야의 일이었습니다. "유골만이라도 돌려보내고 싶다"는 생각에 24시간 동안 꼬박 석탄을 때어도 시간이 모자라 어쩔 수 없이 수장시켜야 하는 경우가 부지

소속된 사이키 부대의 항해도
(지명은 1943년경의 표기임)

청진
도쿄
상하이
태평양
홍콩
오키나와 ○이오지마
마닐라
괌
트럭섬
쇼낭섬(싱가포르)
라바울
적도
솔로몬제도

기수였습니다.

"어떤 항해에서도 전쟁의 참혹함과 가혹한 군대 생활 때문에 정신과적 문제가 생겨 고통 받는 병사들을 최소 1할 이상 만날 수 있었습니다."

환기도 되지 않는 선저(船底)의 결핵 병실에서 먼지와 땀에 오염된 탓에 마스크도 쓰지 못하고 간호했습니다. 심한 뱃멀미로 고통 받다가, "끝내는 담즙에다 피까지 토하기도 했습니다".

타고 있던 병원선이 좌초되거나 안개로 인해 표류하고 앞서가던 전송선이 격침되는 등 온갖 죽을 고비가 이어지던 일상이었습니다.

"무엇보다 괴로웠던 것은 필사적으로 간호해 기력을 되찾은 후송

우리는 가해자입니다

환자가 다시 전장으로 복귀하는 모습을 보는 일이었습니다."

1944년 9월 소집 해제된 모리야는 이듬해 5월 재소집되어 육군병원 오노(大野) 분원으로 향했습니다. 그리고 8월 6일, 강렬한 섬광에 이어 뼛속까지 뒤흔드는 폭풍과 충격이 밀려왔습니다. 오후부터 줄지어 밀려오기 시작한 중상자는 순식간에 1,500명에 이르렀습니다.

근처 초등학교에 임시 병동을 열고 원폭이 무엇인지도 모르면서 화상 및 골절 치료에 정신없이 매달렸습니다. "병동이 살 썩는 냄새와 신음 소리로 가득 찼습니다. 그야말로 지옥도였지요." 이후 모리야도 원폭 후유증으로 고통 받게 되었습니다.

전쟁법안을 멈춰야

모리야는 일본이 패전한 이후 양호교사로 33년 동안 일했습니다. 77세 때에는 "한 줌의 권력자들이 민중을 잘못된 방향으로 이끄는 바람에, 수천만이나 되는 아시아 사람들이 희생되었던 전쟁의 비극을 다음 세대에게 전해야겠다"는 생각에 종군 간호사 시절의 체험을 책으로 엮어내기도 했습니다.[5]

모리야는 군국주의로 세뇌당해 '조국을 위해서'라는 그릇된 사명감에 불타 전쟁에 참가하게 만든 '교육의 무서움'을 통절하게 곱씹습니다. 긴박한 '전쟁법안' 관련 움직임에 대해 "마치 그 시절의 상황을 빼다 박은 것 같아요. 아베 총리는 헌법을 짓밟고 법안 처리를 강행하려

---

5 『종군 간호사가 본 병원선 히로시마』, 노분쿄(農文協).

하고 있습니다. 전쟁은 절대로 안 됩니다. 어떻게든 저지해야 해요"라
며 힘껏 목소리를 높였습니다.

2015년 7월 7일 자, 니시구치 유키에

우리는 가해자입니다

2016년은 일본국 헌법 공포(1946년 11월 3일) 70주년을 맞는 해입니다. 일본국 헌법은 그 이듬해 5월 3일에 시행되었습니다. 이 책에서도 그 방대한 사실의 일부분을 지적하고 있습니다만, 일본의 침략 전쟁으로 인해 2천만 명 이상의 아시아 사람들과 310만 명의 일본 국민들이 희생되었습니다. 일본국 헌법은 이러한 역사적 교훈과 고통에 대한 반성으로 정부의 행위에 의해 다시는 전쟁의 참화가 일어나지 않도록, 일본 국민이 다른 모든 나라 국민들과 평화적 공존을 위해 온 힘을 다할 것을 맹세하고 있습니다.

'머리말'에서 언급했던 것처럼, 이 책의 집필에 참여한 《아카하타신문》의 기자들은 모두 전후에 태어난 세대입니다. 그런 기자들이 아시아 각지의 사람들, 가해자로서 무모한 전쟁을 겪으며 인생이 뒤바뀌어버린 일본인들, 학자와 연구자 등을 만났습니다. 그렇게 한 건, 한 건 취재를 거듭하면서 '증언'이 갖는 무게와 소중함을 온몸으로 실감할 수 있었습니다.

구 일본군 위안부 문제에 있어서도, 여성 인권 파괴 사례에 대해 과거는 물론 장래에도 증언을 이어가는 일의 중요성은 굳이 언급할 필요조차 없을 것입니다. 2015년 12월 28일 있었던 한·일 외교장관회담에서 일본 정부는 "당시 군의 관여"와 정부의 책임을 인정하며, 위안부 피해자들에게 "마음으로부터의 사죄와 반성"을 표명했습니다. 이는 문제 해결을 진전시키는 데 있어 당연한 것입니다. 동시에, 위안부 피해자의 명예와 존엄을 하루빨리 회복시킴으로써 전면적 해결을 도모하는 데 필요한 여러 가지 문제들을 밝힌 것입니다. '합의'를 했으니 다 끝났다는 이야기가 아닙니다.

이 책이 전전 반세기에 걸친 일본의 침략 전쟁과 식민지 지배, 또한 피해의 사실에 대해 얼마나 제대로 전하고 있는지는 독자 여러분의 판단에 맡길 수밖에 없습니다. 다만 우리는 개헌 우익 세력의 근현대사 왜곡 책동이 아직도 집요하게 이어지고 있는 이때, 앞으로도 역사의 진실을 전하는 일을 이어가야 한다고 생각하고 있을 따름입니다.

본문에서 중국과 한국인의 인명은 기본적으로《아카하타신문》에 표기된 것을 따르는 한편, 현지에서의 독음 또한 병기해두었습니다. 인물의 연령은 게재 당시를 기준으로 하고 있습니다. 아울러 이 책은 여러 명의 기자가 집필하고 있어서 역사적 기술 등에 초점을 맞춘 부분이 일부 있다는 점을 이해해주시기 바랍니다.

수록된 기사의 집필은 혼다 유스케, 모토요시 마키(이상 일요판), 아

우리는 가해자입니다

베 가츠지, 이리사와 다카후미, 기미즈카 요코, 구기마루 아키라, 구리하라 지즈루, 고바야시 다쿠야, 나고시 마사하루, 니시구치 유키에, 미야자와 다케시, 야마자와 다케시, 와카바야시 아키라(이상 일간지) 등의 기자들이 데스크 정리기자와의 공동 작업을 통해 담당한 것입니다. 또한 단체·개인으로부터 귀중한 사진을 게재할 수 있도록 양해를 받았습니다. 이 책을 펴내기 위해 진력해주신 신일본출판사의 구노 미치히로(久野通広) 씨께도 진심 어린 감사를 전합니다.

침략 전쟁과 식민지 지배에 목숨 걸고 반대해온 일본공산당과 《아카하타신문》은 역사에 역행하는 세력의 책동을 용납하지 않으며, 이를 위해 온 힘을 다할 것입니다. 아무쪼록 이 책이 많은 분들에게 읽힐 수 있기를 바랍니다.

《아카하타신문》 편집위원 특별보도팀
야마자와 다케시

반세기에 걸친 침략 전쟁이 이어지는 동안 일본의 거대 언론사들은 제국주의의 나팔수를 자처하며 '성전(聖戰)에의 국민 동원'이라는 기치를 내걸었다. 진실을 왜곡해 대중의 뒤틀린 애국심을 자극하고, 여론의 오도에 앞장서며 돈벌이에 열을 올린 것이다. 그러나 일본이 패전을 맞은 1945년 이후, 이들 거대 언론사는 자신들이 범한 역사적 범죄에 대해 진지한 반성은 전혀 하지 않고 전쟁 이전 혹은 전쟁 당시부터 조직을 이끌어온 수뇌부가 여전히 자리를 지키고 있는 상태에서 생명을 이어갔다.

이는 '비교적 양심적'이라는 평가를 받고 있는《아사히신문》도 예외가 아니었다.《아사히신문》은 1945년 11월 7일 자에 게재된 「선언, 국민과 함께 서다」라는 논설을 통해 경영진의 사직과 국민에 대한 사죄를 표명했지만, 몇 년 뒤 무라야마 나가타카(村山長擧) 사장과 임원들은 아무 일도 없었다는 듯 현역에 복귀했다.《요미우리신문》의 경우는 더욱 심각하다. 1945년 12월 A급 전범 용의자로 체포된 쇼리키 마츠타로(正力松太郎) 사장이 고작 2년 만에 석방되어 《요미우리신문》 사주이자 니혼TV 사장으로 전권을 휘둘렀기 때문이다. 이러한 '원죄'에도 불구하고 일본의 거대 언론은 경쟁적으로 몸집을 불리며 오직 생존 본능에만 충실한 미디어 권력으로 '진화'를 거듭해왔다.

  일본공산당이 발행하는 《아카하타신문》이 일본 언론사에서 남다른 의미를 지니는 것은 바로 이 때문이다. 《아카하타신문》은 1928년 2월에 창간되어 '천황 절대의 암흑 정치'가 절정을 이루던 1931년과 1932년의 3·1절에, 식민지에서의 즉각 철군 및 조선 독립 투쟁에 대한 연대를 호소하는 「3·1 기념일」, 「조선민족해방 기념일을 맞아 어떻게 투쟁할 것인가」 등의 논설을 전면에 게재하는 등 태평양전쟁 종전까지 반제국주의 투쟁의 선두에 섰다. 이는 한국병탄 이후 한반도의 독립투사들과 연대해 일본의 식민지 지배에 맞섰으며, 태평양전쟁 개전을 1년 앞둔 1940년에 일본의 모든 정당이 해산한 뒤 침략 전쟁을 수행하기 위한 조직인 '대정익찬회(大政翼贊会)'에 합류할 때 유일하게 불참 의사를 관철하며 '명예로운 고립'을 택했던 일본공산당의 역사와 궤를 같이하는 행보다.[1]

---

1   이런 활동으로 인해 일본공산당 당원들은 제국주의자들에게 이른바 '비국민', '일본인의 수치'로 불렸다. 그 결과, 관동대지진 당시에는 한반도에서 온 사람들과 함께 학살당했으며, 독립투사들과 함께 치안유지법의 희생자가 되기도 했다. 다만 독립투사들에 대해서는 '체제 선전을 위한 요식 행위'인 재판이 진행된 반면, 일본공산당 당원들은 '일본인의 수치'였던 까닭에 대부분이 가와이 요시토라(川合義虎)의 경우처럼 '체포 감금 상태에서 학살'되거나, 사체가 유기되거나, '취조 중 돌연사'한 후로 사인이 약속이라도 한 듯 '심장마비'로 기록된 것이 다를 뿐이었다.

그 뒤에도《아카하타신문》은 전후의 혼란기에 패권을 휘두르던 소련공산당, 중국공산당, 북한의 조선노동당 등을 정면에서 비판하며 논쟁을 주도했고, '살아갈 힘과 희망을 나르는 신문'을 표방하며 정부와 재계의 눈치를 보는 거대 언론사가 손대지 못하는 다양한 사회문제를 성역 없이 보도하며 '참 언론'의 사명을 다함으로써 "일본 극우 세력이 가장 두려워하는 신문"으로 자리매김하는 전혀 다른 '진화'의 과정을 거쳤다. 그런 의미에서 오늘날《아카하타신문》이 베이징, 하노이, 뉴델리, 카이로, 파리, 워싱턴 등 세계 주요 도시에 지국을 두고 일본 전역에 130만 명에 달하는 독자를 거느릴 만큼 성장한 것은 '본령에 충실한 진보 언론'으로서 당연한 일이라 하겠다.

지난 2015년 8월 14일,《아카하타신문》이 다시 한 번 일본 극우 세력과 극명하게 대립하는 사건이 일어난다. 아베 신조 총리가 '전후 70년 담화(아베 담화)'를 발표한 것이다.

아베 담화는《아카하타신문》으로부터 "침략, 식민지 지배, 반성, 사죄 등의 문구가 곳곳에 등장하지만, 일본이 국책의 오류로 식민지 지배와 침략을 저질렀다고 밝힌 전후 50년 무라야마 담화의 역사 인식은 간데없이, 반성과 사죄도 역대 정권이 표명한 사실만 언급될 뿐 총리 자신의 언어로는 이야기하지 않는 기만으로 가득 찬 것"으로 "무라야마 담화가 표명한 입장을 사실상 내던져버렸다"는 공격을 받기에 충분했다. 특히 주목할 점은 아베 담화를 전후해 아베 정권이 "우리나

우리는 가해자입니다

라를 둘러싼 안보 환경이 긴박함을 더해가고 있다"는 핑계를 대며 '전 쟁하는 나라 만들기'를 향한 야욕을 더욱 노골적으로 드러냈다는 사 실이다.

"일본의 전쟁이 잘못된 전쟁이었다는 인식을 가지고 있느냐"는 질 문에 끝끝내 답을 하지 않는, 포츠담선언에 대해 "자세히 읽어보지 않 았으므로 논평을 삼가겠다"고 말하는 역사의식을 가진 총리.[2] 그런 그 를 역사 문제의 해결과 아시아의 평화를 위해 기필코 권좌에서 끌어 내리고 말겠다는 의지는 『우리는 가해자입니다』의 출발점이다.

『우리는 가해자입니다』라는 '인류사적 기획'을 위해 《아카하타신문》 은 2014~2015년의 장장 2년 동안 편집국 전 부서를 망라한 13명의 현장 취재 기자를 투입하여 한반도와 일본열도, 중국 각지, 타이완, 말 레이시아, 싱가포르를 잇는 대장정을 펼쳤다.

야스쿠니신사의 군사박물관인 유슈칸에서 일본의 전쟁을 "아시아 해방 전쟁이었다"고 정당화하는 등 '역사 날조의 논의가 정치에 끼어 드는 현실'에서 일본의 전후 세대로 태어난 기자들은 이 책을 통해 "청 일·러일전쟁으로부터 패전에 이르는 51년 동안, 일본은 왜 침략 전쟁 과 식민지 지배를 이어왔는가?", "연합국의 도쿄재판에서 분명 일본의 전쟁범죄가 단죄받았을 텐데 왜 지금도 일본의 행위를 미화하는 정치 세력이 정권 핵심부에 앉아 있는가?" 하는 치열한 문제의식을 유지하

2   2015년 5월 20일, 일본 국회에서 진행된 당수토론에서 시 가즈오 일본공산당 위원장의 질문에 대한 아베 신조 총리의 대답.

며 논의를 전개한다.

때로는 일본인이기 이전에 인간으로서 견디기 힘든 고통을 느끼면서도 부끄러운 역사의 실체적 진실을 규명하기 위해, 토씨 하나 놓치지 않고 피해자의 증언을 담아낸 불굴의 저널리즘 정신에 역자인 나 역시 한국인이기 이전에 인간으로서, 그리고 동료 저널리스트로서 깊은 경의를 표한다. 또한 취재와 더불어 수많은 학자와 전문가들의 도움으로 병행된 검증 작업이 지니는 학술적 가치는 '건국대 중국연구원 번역학술총서'라는 이 책의 출판 의도를 충족하리라 믿는다. 그렇게 『우리는 가해자입니다』는 암울했던 역사와 혼란스러운 현실을 넘어, 진정한 의미에서의 미래 지향적 한일 관계를 생각하고 아시아 평화의 길을 고민하는 독자들에게 많은 시사점을 던져줄 것이다.

이 책을 번역·출판하는 과정에서 나는 한일 두 나라의 많은 분들에게 신세를 졌다. 두 나라 국민의 진정성 있는 교류와 연대를 위해 필자의 작업을 아낌없이 후원해주신 시 가즈오 일본공산당 중앙위원회 위원장, 늘 따뜻한 격려를 아끼지 않으시는 가장 큰 조력자 오가타 야스오(緒方靖夫) 일본공산당 중앙위원회 위원장부위원장 겸 국제국장, 수십 년에 걸친 《아카하타신문》특파원 경험을 통해 많은 가르침을 주시는 모리하라 기미토시(森原公敏) 국제위원회 부책임자, 한국과 일본 그리고 아시아의 새로운 미래를 열어갈 역사적 프로젝트를 성공시키고 열정 가득한 한국어판 서문까지 보내주신 오기소 요지(小木曽陽司) 편집국장을 비롯한《아카하타신문》의 동료 여러분, 가장 가까운 자리에서 무한한 사랑으로 용기를 북돋아주시는 다도코로 미노루(田所稔) 신일본출판사 대표이사 사장 겸 편집장, 저널리스트로서의 글쓰기에 대해 지도편달해주시는 하타노 슈이치(羽田野修一)《월간게이자이》편집장, 존재만으로 가장 큰 힘이 되는 의형(義兄) 시미즈 다카시(清水剛) 교수,『우리는 가해자입니다』의 출판이 현실화되도록 절대적인 도움을 주시고 직접 감수까지 맡아주신 건국대학교 중국연구원 한인희 원장님, 중국연구원 석좌교수로서 한중일의 영구적 평화와 발전을 향한 열정으로 후학 양성에 힘쓰고 계시는 정상기 대사, 번역학술총서의 기획을 제안하고 흔쾌히 궂은일을 도맡아준 김용민 교수, 둘도 없는 소중한 친구 양헌재(良獻齋) 서재권 대표, 마지막으로 이 책을 만들어주신 정한책방의 여러분께 이 지면을 빌어 진심 어린 감사의 마음을 전한다.

2017년 4월 3일
도쿄대학 교정에서
홍상현

우리는 가해자입니다

초판 인쇄 2017년 7월 31일
초판 발행 2017년 8월 7일

지은이 | 《아카하타(赤旗)신문》 편집국
옮긴이 | 홍상현
디자인 | 서채홍
펴낸이 | 천정한

펴낸곳 | 도서출판 정한책방
출판등록 | 2014년 11월 6일 제2015-000105호
주소 | 서울 마포구 모래내로7길 38 서원빌딩 301-5호
전화 | 070-7724-4005 팩스 | 02-6971-8784
블로그 | http://blog.naver.com/junghanbooks
이메일 | junghanbooks@naver.com

ISBN 979-11-87685-14-2 (93910)

책값은 뒷면 표지에 적혀 있습니다.
잘못 만든 책은 구입하신 서점에서 바꾸어 드립니다.

이 도서의 국립중앙도서관 출판예정도서목록(CIP)은
서지정보유통지원시스템 홈페이지(http://seoji.nl.go.kr)와
국가자료공동목록시스템(http://www.nl.go.kr/kolisnet)에서 이용할 수 있습니다.
(CIP제어번호: CIP2017018374)